「いつも忙しい」がなくなる心の習慣

「忙しい」「時間がない」が口癖になっていませんか？

――はじめに

とにかく、毎日、忙しい！

本書を手に取られた方は、次に挙げるどれかにピンとくるのではないでしょうか。

・いつも「忙しい」という感覚に追われている。
・いつも「時間がない」と感じている。
・「あれもやらなければ、これもやらなければ」「あれも終わっていない、これも終わっていない」という思考が頭の中をぐるぐる回っている。
・「これさえ終われば…」「この忙しささえ抜け出せば…」といつも思って頑

張っているが、実際に忙しさが終わったことはないので、やりたいこともできず、ゆっくり休むこともできない。

・忙しいので、デスクがいつも散らかっている。片付けたいと思っても、「こんなことをやっている場合ではない」とイライラして、結局デスクはいつも散らかったまま。

・忙しいので、生活の中に楽しく豊かな時間がない。自分は何のために生きているのだろう、という気持ちになることもある。

・忙しいので、自分の身なりに気を遣う余裕がなく、ささくれて、くたびれた感じ。

・忙しいので、人づき合いが億劫で、人と疎遠になってしまっている。

・忙しいので、窓口で待たされたりするなどちょっとしたことでイライラしがち。

・忙しいので、やりたいと思っていることができないうちに、歳ばかりとっていく。

・忙しいので、忙しくなさそうな人を見るだけでイライラする。

・忙しいので、お正月に帰れない、勉強できない、つき合えない、出会いがない、結婚できない。それは逃げだ、と言われるとカチンとくる。本当に忙しいのに！

それって「忙しい病」かもしれません

確かに、現代社会は忙しいもの。やらなければならないことをたくさん持っている人は少なくありません。**「忙しい」「時間がない」**と感じる人が多いのも、うなずけます。

しかし、「忙しさ」の問題は、実はそれほど単純なものではありません。

客観的に見れば本当に忙しいはずの人が、なぜか余裕すら感じさせることもありますね。一人で何役分もこなしてとても忙しいはずなのに、なぜあんなに優雅に過ごせるのだろう、と不思議に思う人が身の回りに一人はいるのではないでしょうか。

逆に、それほど忙しくないのに、髪を振り乱して「忙しい感」をまき散らしている、という人もいます。

つまり、「物理的にどれだけ忙しいか（持っている時間に対して、やらなければならないことの量がどれほど多いか）」ということと、「主観的にどれだけの忙しさを感じているか」は、必ずしも一致するわけではないということなのです。

この「ずれ」はどこから生まれてくるか、ということについては第一章でお話ししますが、冒頭に挙げた例が当てはまるような、**「忙しい」「時間がない」感が強い人のことを、本書では「忙しい病」の人、と呼ぶことにします。**

もちろん医学的な病気という意味ではありません。主観的な忙しさがきついため、いつも「忙しい」「時間がない」と追われるように過ごしている状態を「忙しい病」と呼ぶ、と考えてください。

「忙しい病」の弊害とは？

「忙しい病」の弊害はいろいろなところに現れます。

実は、**「忙しい病」になると、作業効率が落ちます。**いつも一生懸命やっているのに全然仕事が終わらない、用事が片付かない、などということになってしまうのです。すると、その「やり残し」が、「忙しい病」をさらに悪化させる、ということにもなります。

「忙しい病」になると、なぜ作業効率が落ちるのかは後述しますが、最悪の場合には、ただボーッとしてしまって何もできない、ということにすらなってしまいます。

いろいろなことを先延ばししたり後回しにしたりしてしまう、ということも多いです。そして、先延ばししたり後回しにしたりすることが増えるほど、結局は「やらなければならないこと」が増えるわけですから、ますます「忙しい」「時間がない」という感じ方も強くなり、「忙しい病」が悪化します。

こんな状態では、職場においても、仕事が雑になったり、落ち着きがなく見えたり、会議をサボってしまったりして、評価が下がる、などという可能性もあります。

「忙しい病」は、人から「生き甲斐」も奪っていきます。「忙しい」「時間がない」ということばかり感じていると、とても新たなことにチャレンジする余裕などなくなってしまい、生活がひどく平板化してきます。

つまり、「ただ何とかこなすだけの人生」になってしまうのです。そんな生活の中、「生きていて何か意味があるのだろうか」などという気持ちが生まれてくることもあります。

決して「忙しいのが好き」なワケではない

「忙しい病」の人の中には、忙しくなくなると落ち着かない、という人もいます。**常に何かで時間を埋めていないと自分自身が不安になってしまうのです。**そして、忙しければ満足かというとそういうことはなく、もちろん満たされた幸せ感はありません。

こういうタイプの人は、忙しくしていないと間に合わないのではないか、後で取り返しがつかなくなるのではないか、という感覚に支配されてしまっているだけなのです。つまり、**「忙しい病」によって人生を乗っ取られている状態**、と言えますね。

こんなふうに、様々な形で人生の質を損ねていく「忙しい病」について、その正体と対策を本書では一緒に見ていきたいと思います。

読んでくださった皆さまが、「忙しい」「時間がない」という感覚から自由になるきっかけとなれば幸いです。

水島広子

「いつも忙しい」がなくなる心の習慣

目次

第2章 「今」に集中する習慣をつけよう……「忙しさのメガネ」の簡単なはずし方

第3章 今こそ人生の主導権を取り戻す……毎日の行動にメリハリをつける

第4章 目指すは「自分に合った」シンプルライフ……あれもこれもはいらない

第5章 「忙しい病」を予防する生活習慣とは？……たったこれだけで毎日が変わる

第6章　やりたいことを「今」始めよう……時間の区切り術で自由自在

第1章

どうしてこんなに毎日忙しいの？

「忙しい病」の正体を知ろう

1

忙しいのに何も進まないのはなぜ？

「また今日もできなかった…」

忙しさだけは強く感じているのに実際に何も進まない、ということがありませんか？

「**忙しい、忙しい**」

「**あれもやらなければ、これもやらなければ**」

「**あれも終わっていない、これも終わっていない**」

と気ばかり焦っているのに、結局は何もせずに終わってしまったり、テレビやネットなどつまらないことで時間を潰してしまったり、ということがあるかもし

れません。

実は、このようなことが起こるのは、不思議でも何でもありません。「何もせずに終わる」ように見えても、実際には何もしていないわけではないからです。

ずっと考えているから忙しい

では何をしているかというと、「あれもやらなければ、これもやらなければ」「あれも終わっていない、これも終わっていない」と**考えている**のです。

そう考えることに時間とエネルギーを使ってしまうので、本来すべきことができなくなってしまう、ということになるのです。

不安や焦りでヘトヘトに

そもそも、「あれもやらなければ、これもやらなければ」「あれも終わっていない、これも終わっていない」と考えることは、自分を追い詰め強いストレスを与えますので、それだけでも消耗してしまいます。

あるいは、つまらないことで時間を潰してしまう、などということも不思議ではありません。「あれもやらなければ、これもやらなければ」「あれも終わっていない、これも終わっていない」というのは、不安や焦りを喚起する思考です。

人は不安や焦りを感じると、それを感じないですむように、何か少しでも気が休まることで時間を潰したくなるのです。

ですから、忙しいときに限って何もできないまま時間だけが経ってしまったり、つまらないことで時間を潰してしまったりするのは、当然と言えば当然のことと言えます。

2 「忙しい病」を作る「忙しさのメガネ」

どんどん忙しくなる人の思考法

「あれもやらなければ、これもやらなければ」「あれも終わっていない、これも終わっていない」と考えてばかりいると、実際には何もしていなくてもかなり消耗するものですが、何かをする際にもその思考は同じ影響を及ぼしてきます。

例

残業の多い忙しい仕事。いつも忙しいので、プライベートの手続きが先延ばしになってしまう。銀行の住所変更手続きをしていないので、更新された新しいキャッシュカードが送られてこない。お金が引き出せない。公共料金の引き落とし手続きをしておらず現金払い。払込用紙をなくして、ガスや電気を止められそうになることもしばしば。宅配便の不在連絡票に連絡せず、せっかく通販で買ったはずがキャンセルに、など、後々困ったことになる。やるべきなのはわかっているけれど、つい先延ばしにしてしまう。

常に「私は忙しい」を通して物事を見る

これらの一つ一つは、決して難しくないことです。だいたいが、電話一本かければすんだり、電話して書類を送ってもらって数分かけて記入したりすればよい、という程度の話です。誰にでもできることでしょうし、実際に誰もがやっていることです。

物理的に忙しいときでも、電話一本をかける機会はどこかで見つけることができるもの。それなのに、こうした手続きを怠って自分を窮地に追い込んでしまうのは、なぜなのでしょうか。

それは、**現実を「私は忙しい」という「忙しさのメガネ」を通して見ているか**

ら起こるのだと言えます。

「今やらなくもよいこと」まで見えてくる

「忙しさのメガネ」とはどういうメガネかというと、「あれもやらなければ、これもやらなければ」「あれも終わっていない、これも終わっていない」という色をつけて物事を見るメガネと考えてみてください。

例えば一つの家事をやらなければと思ったときに、**「忙しさのメガネ」を通して見てしまうと、その「一つの家事」だけが見えるのではなく、「あれもやらなければ、これもやらなければ」「あれも終わっていない、これも終わっていない」ということまで同時に見えてしまう**のです。

ただちょっとやれば数分で終わるようなことであっても、「あれもやらなければ、これもやらなければ」「あれも終わっていない、これも終わっていない」という感覚に圧倒されてしまうと、「できない」と感じます。そして、先延ばししてしまうのです。

3

「忙しさのメガネ」の恐ろしさとは？

忙しさを何倍にも感じてしまう

「忙しさのメガネ」は恐ろしいものです。実際には簡単に終わるようなことでも、「あれもやらなければ、これもやらなければ」「あれも終わっていない、これも終わっていない」ということまで一緒に見えてしまいます。

そうなると、

「こんなことをしている余裕はない」

「こんなことできるわけがない」

「なぜこんなことを私がやらなければならないの！」

と「忙しさ」が何倍にも感じられ、**本当は簡単なことであっても結局何にも手をつけられない**、ということすら起こってしまうのです。

「物理的な忙しさ」と「主観的に感じる忙しさ」の差を作るのが、「忙しさのメガネ」だと言えます。

なかなか達成感が得られない

「忙しさのメガネ」をかけていない人は、やることがたくさんあっても、ただ目の前のことを一つずつ片付けていくことができます。物理的には大変でも、「片付けた」という達成感を持てますし、新たな用事が舞い込んできたときも、パニックにならずに優先順位を考えることができます。

しかし、「忙しさのメガネ」をかけていると、常に「忙しい」「時間がない」という感覚に追われていますので、達成感は縁遠い存在です。実際にはせっかく一つのことが終わっているのに、「終わった」「できた」というところを見ることができず、「**終わっていないこと**」**にしか目が行かない**からです。

また、新たな用事ができると、それがどの程度のものなのかを冷静に吟味することもしないまま、「**ただでさえ忙しいのになぜ!?**」と、怒りすら感じてしまうのです。

頭の中は真っ白の「忙しい病」!?

こうやってあらゆることを「忙しさのメガネ」を通して見ている状態が「忙しい病」なのだ、と考えるとわかりやすいと思います。

そして、「忙しい病」が悪化していくということは、「忙しさのメガネ」の色がどんどん濃くなっていくということ。極度に悪化すると、見ているものは単に「あれもやらなければ、これもやらなければ」「あれも終わっていない、これも終わっていない」という自分の想念だけで、**実際にやるべきことはほとんど見えてもいない**、ということになってしまいます。

そうなってくると、まさに「思考停止」の状態。やるべきことが何なのか、どのくらい時間がかかることなのか、今やっておいたほうが後で楽なのか、などを検討してみることもせず、頭の中はむしろ真っ白で、単に「**忙しいからできない！**」という自動反応だけをする状態になってしまうのです。

「忙しい病」から脱するということは、「忙しさのメガネ」を手放すということ。

その手放し方を、本書を通して見ていきましょう。

もちろん、「忙しさのメガネ」を手放せば忙しくなくなるのかというと、そんなことはありません。「忙しさのメガネ」を手放すということは、一義的には、忙しさを実物大にすることであって、物理的に「やらなければならないこと」の量を減らすということではありません。

しかし、「忙しさのメガネ」を手放していくと、「**本当にこれは自分がやらなければならないことなのか**」「**本当にこれはやりたいことなのか**」を仕分けしていくことができますので、「やらなければならないこと」の総量、つまり物理的な忙しさも減る可能性が高いと思います。

4

「忙しい病」を発症する瞬間って？

「できていない自分」を感じたとき

多くの人にとって、「忙しい病」は、気づけばかかっていた、というものなのですが、「忙しい病」がいつ発症したかを特定できる人たちもいます。

それは、自分ができていないことを誰かから叱責されたり、自己啓発本やセミナーで「このままではだめだ！」と衝撃を受けたり、できの良い同僚や同世代の人を見て衝撃を受けたりしたときです。

人間の心身は、突然の衝撃を受けると、特徴的な反応をします。衝撃は心を傷つけますから、自己防御能力を持った心は「もう傷つきたくない」モードに入ります。

自分に何かが「足りなかった」ために衝撃を受けたわけですから、視線が向かう先は当然、「**自分にはまだ足りないところがあるのではないか**」ということ。まだ「足りないところ」が残っていたら、次なる衝撃につながる可能性があるからです。

もちろん人間は完璧ではありませんから、「足りないところ探し」を始めたらきりがありません。すると、「あれもやらなければ、これもやらなければ」「あれも終わっていない、これも終わっていない」という感覚が生まれてしまうのです。

「足りないところ探し」が止まらない

例えば、親しい友人が何らかの資格を取った、というニュースは衝撃的です。すると、「足りないところ探し」で、当然「資格のない自分」に目が行きます。

そして、その資格が自分にとって本当に向いているのか、その資格を目指すことが今の自分の生活に合っているか、という冷静な検討をすることもなく、「とにかく資格を！」ということになってしまうのです。衝撃への反応はこんなふうに起こります。

「忙しさのメガネ」は、このように、衝撃から作られることも多いものです。常に「あれもやらなければ、これもやらなければ」「あれも終わっていない、これも終わっていない」という目で物事を見ていれば、予期せぬ「抜け」のために衝撃を受けずにすむだろう、というのがその理屈です。

そう考えてみれば、「忙しさのメガネ」というのは、自分を守るためのもの、と言うこともできます。しかし、問題なのは、**それが本当に自分を守っているか、**という実際のところです。

衝撃を引きずるうちに「忙しい病」に

すでに見てきたように、「忙しい病」は人生を蝕みます。自分を常に緊張下に置き、消耗させていくものです。本来は自分を守るために作られたはずの「忙しさのメガネ」が、なぜ自分を蝕む結果になるのでしょうか。

それは、衝撃への反応として生まれた「忙しさのメガネ」は、本来は衝撃からの回復と共に手放すべきものだからです。

一方、いつまでも「忙しさのメガネ」を持ち続けるということは、衝撃を受けたときの特殊な状態のまま、つまり**緊張した警戒態勢のまま、生き続ける**ということ。

実際に今暮らしているのは「平時」であるのに、自分だけが緊張した警戒態勢で生きているのでは、本来必要のない苦労を抱え込むことになります。

それが、「忙しい病」というものな

のです。

本当はそのままでいいはずなのに…

例

「今は忙しいから」と仕事優先で生きてきて40歳になる。でも、この仕事の忙しさはこの先も変わりそうもない。特に仕事で困ることはないし、そこそこやりがいもあるけれど、仕事だけの人生ではつまらないと思う。他の人は、趣味を持ったり、人と会ったり、もっと楽しそう。自分はずっとこのままなのかと思うとやりがいを感じない。

これはちょっと形が違うのですが、衝撃と忙しさというキーワードが重なるので、一緒に見ておきましょう。

この例の人は、ひどい「忙しい病」というわけでもなさそうで、仕事にもそれなりに満足しているようです。ただ、「**仕事だけの人生ではつまらない**」と感じているのは、「**40歳になった**」ということに衝撃を受けているからだと思います。

40歳という年齢は、何とも言えない年齢です。人生の折り返し地点を感じる年齢でもあり、家庭を持ちたい人にとっては「最後のチャンス」を感じさせる年齢でもあります。

それまではあまり将来のことなど考えずにただただ「成長」を考えて生きてきたのが、身体にもいろいろと加齢の兆候が現れ始める40歳を境に、「残りの人生」を考えるようになる人は多いと思います。ですから、仕事ばかりしているうちに40歳になってしまった、というのはそれなりに衝撃的なことなのです。

すると、自分の「足りないところ探し」が始まります。それは通常、他人との比較という形で表れるものですから、「**他の人は、趣味を持ったり、人と会ったり、もっと楽しそう**」と語られているのです。

もちろん、40歳以降の人生を、今までと違った形で充実させることには全く問題がありません。働き方を見直し、現在にはない要素をプラスしていくのもかまわないでしょう。働き方を見直す上では、本書の内容が役に立つと思います。

ただし、一つだけ注意が必要です。

衝撃下では、自分の「足りないところ探し」を始めてしまい、実際以上に自分の「足りないところ」が目につきがちです。生き方を考えるのは、衝撃が去ってからでも遅くはありません。

もしかすると、日常の生活に戻ってしばらく様子を見てみたら、自分は仕事中心に生きるのが向くタイプなのだということに気づくかもしれません。

これまでと同様の人生を続けるのが自分には一番合っていると思えれば、**実は自分は幸せに生きているのだ、**ということに思い至るかもしれないのです。

5 「忙しい病」のエネルギーは不安

「できなかったらどうしよう」

例

何かと忙しくて仕事を休めない。同じ職場でも、ゴールデンウィークに1週間以上休む、という人もいるけれど、自分は働き始めてから、2日以上の有給休暇を取ったことがない。休もうとしても、誰かから連絡が入るかもしれない、と思うとタイミングを逸してしまう。

このような例を見るとよくわかるのですが、「忙しい病」のエネルギーは「不安」です。そもそも、「忙しさのメガネ」そのものが、「できなかったらどうしよう」という不安によって色づけされているもの。

同じ、「休んでいる間に誰かから連絡がある」ということに対しても、大した不安を感じず「仕方のないこと」「誰かに頼んでおこう」と割り切れる人がいる一方で、「忙しさのメガネ」をかけて不安に支配されている人は、「**そんなことが起こったらどうしよう**」と感じてしまうのです。

ここで、不安とはどういう感情なのかをおさらいしておきましょう。人間が持つあらゆる感情には、自分を守る役割があります。

これは身体の感覚と同じように考えることができます。何か熱いものに触ると「熱い！」と手を引っ込めますが、それによってやけどを防ぐことができます。もしも熱いという感覚がなかったら、身体を守ることができないのです。

そのように、身体の感覚が「この状況は、自分の身体にとってどういう意味を持つものか」を教えてくれるのに対して、感情は、「この状況は、自分の心、あるいは自分という存在に対して、どういう意味を持つものか」を教えてくれます。

不安は、「安全が確保されていない」ということを教えてくれる感情です。不安を感じると、私たちは慎重になったり、言動を控えたりするものですが、それはまさに、「安全が確保されていないから」なのです。

そうやって考えてみると、**「忙しさのメガネ」は、あらゆる物事を「安全が確保されていない」という意味づけをして見る、**ということになります。

未来の不安からは逃れられない

しかし、自分が休んでいる間に何が起こるかというのは、未来の話。

未来に何が起こるかをすべて知ることなどできず、常に「安全が確保されていない要素」は残ります。どれだけ準備をしたとしても、未来に１００％の安全の保証などできないのです。

ただでさえ「安全が確保されていない要素」のある未来なのに、「忙しさのメガネ」で見てしまうと、不安なところばかりが目についてしまい、キリがありません。

ですから、「未来の不安から完全に解放されることはない」ということを肝に銘じて、どこかで割り切る意識が必要です。「もしも○○が起こったらどうしよう」というところにとどまっている限り、自分の人生を生きることはできないのです。

どういうことかと言うと、「もしも○○が起こったらどうしよう」というのは、一見、「自分が段取りを考える中でしている心配」に見えるのですが、実際には自分とは関係なく頭の中に浮かんでくる強迫観念とも呼べるもの。「ふと、不安な思考が浮かぶ」というのは誰にでもあることですよね。

それに対して、「**いや、そんなことはないだろう**」「**もしそんなことになっても何とかなるだろう**」「**そんなことばかり心配していたら生きていけない**」などと割り切ったり、「**そうなったときのためにあらかじめ誰かに相談しておこう**」と対策を立てたりしながら、私たちは生きているものです。

このとき、自分が責任を持っているのは、「いや、そんなことはないだろう」「誰かに相談しておこう」などと「自分の頭で考えていること」のほうであり、「ふと浮かんでくる思考」には、自分の責任はないのです。

どう割り切るかで「生活の質」が決まる

ですから、自分が休んでいる間に「誰かから連絡が入ったらどうしよう」と思うときは、責任を持って、「そのときはそのとき。休みくらい誰だって取っている」と割り切ったり、連絡が入りそうな人にはあらかじめ休みの予定をきちんと伝えておいたりしましょう。

そして、それでも連絡が入ったときに困ったことにならないように、頼める人には頼んでできる限りの態勢を整えておくなどすると、単に「安全が確保されていない！」というだけの感じ方から脱することができます。

それでももちろん不安をゼロにはできないでしょうが、それは未知の領域に踏み込む以上当然のことです。

この種の不安からは永遠に解放されることはないのですが、それを「**忙しさのメガネ**」**で見てしまうと、実際よりも強く感じられるのだ、**ということは知っておくとよいでしょう。

休みが取れない人の中には、「人に任せられない」という人もたくさんいます。人に任せることでうまくいかなかったらどうしよう、という完璧主義的な気持ちがある場合もありますし、任せることで相手からどう思われるかが気になる、という場合もあるでしょう。

どちらも、「**もしも○○したらどうしよう**」という不安であることは全く同じです。いずれも未知のことについての不安であるわけですから、感じて当然の不安です。任せる際に、できるだけわかりやすいように準備しておく、感謝をしっかり伝えておく、お土産を買ってくるなど、実際にできるだけのことをしたら、後は天に任せること。

もしも問題が起こったら、休みが明けてから修復すればよい、と思えれば、「忙しさのメガネ」を手放すことができるでしょう。いつもと違う担当者が多少ピントのはずれた対応をするくらい、よくあることだからです。

6 「忙しい病」の人は人生のオーナーではない

「本当はもっと○○したいのに」

同じ忙しい人でも、その忙しさにやりがいを見い出し溌剌《はつらつ》として働いている人もいます。一方で、「忙しい病」の人は、常に不安を抱えており、決して溌剌とはしていないものです。

「忙しい病」の正体は、「もしも間に合わなかったらどうしよう」「もしもやりくりがつかなくなったらどうしよう」という不安だと言えます。その不安のために、頭が空回りしてしまったり、常に何かをやっていないと気がすまなくなってしまったりするのです。ここまではすでに見てきました。

さらに、「忙しい病」には、もう一つの特徴があります。それは、「やらされている」という被害者意識です。

被害者意識と言うと大げさに聞こえるかもしれませんが、どういうことかと言うと、

「本来はもっとゆとりのある人生を送りたいのに…」

「本来はもっと自分らしく生きたいのに…」

「本来はもっと一つ一つのことを丁寧にやっていきたいのに…」

という具合に、本来自分が望んでいる生き方と違うことを「やらされている」という意識です。

「やらされている感」が悪循環を生む

この被害者意識も、「忙しい病」の悪循環を作っていきます。例えば、「いつも忙しい」ため、デスクが散らかっているとします。すると、

デスクが散らかっている↓「**デスクなんて、片付けている暇はない！**」↓デス

ク は汚いまま↓「**こんなに汚いところで働きたくない！**」↓どんどん被害者意識が増してイライラして仕事の効率も下がる↓「忙しい」感覚が増す、という具合に悪循環に陥ってしまうのです。

自分が物事に主体的に取り組んでいるときは、このような悪循環は起こってきません。「忙しいけれども、デスクをきれいにしたほうがもっと気持ち良く仕事ができるから、少し時間を使って片付けよう。そのほうが結果として効率も上がるだろう」と考えたりすることができるのです。

あるいは、デスクは汚いままだとしても、「まずは仕事を片付けるのが先決」と割り切れますので、「汚いところで仕事をさせられている」という被害者意識がありませんから、仕事そのものに集中することができ、効率が高まります。

こうやって考えてくると、「**いつも忙しい**」**人は、自分の人生のオーナーとは言えない状態にある**ということがわかります。「人生レース」の一参加者に過ぎず、落ちこぼれないように必死で、自分の人生を楽しむことができないのです。

7 まずはメリハリをつけるところから

頭の中にはいつも「次の仕事」

例

半年のプロジェクトが終わった！　でも、その日のうちに、これまでペンディングにしていた仕事に取りかからないと間に合わない気がする。休めない。同僚は、今日くらいは、帰ってしまったけれど、自分はそれができない。今日はもう何もしなくていい、とか、頭の中から仕事のことがすべて消え失せる、という経験がない。ちょっとつらい。

「忙しい病」の一つの特徴が、「メリハリのなさ」です。慢性的に「あれもやらなければ、これもやらなければ」「あれも終わっていない、これも終わっていない」ということを考えてしまうので、**「今が力の使いどき」「今はリラックスをするとき」という判断に基づいて行動することができない**のです。

もちろん、「忙しさのメガネ」を通してあらゆることを見ていれば、「あれもやらなければ、これもやらなければ」「あれも終わっていない、これも終わっていない」ばかりが見えてしまいますので、とてもリラックスのタイミングなどつかめるわけがありません。

だから時間がかかる。疲労感も増す

しかし、忘れてはいけない、とても重要な概念として「持続可能性」と「効率性」があります。

人間は、遺伝情報を持って生まれた、限界のある生き物です。24時間３６５日働き続けることはできないのです。そんなことを目指したら、すぐに折れてしまいます。また、適度な休息をとったりリフレッシュしたりしていかないと、作業効率は落ちるのです。

ですから、**自分の力を最大限に引き出して、気持ち良く生きていくために必要なのは、「メリハリをつける」ということ。**これこそが、「やらされている人生」から脱して、自らの人生のオーナーになるということです。

メリハリをつけるという習慣を持っておかないと、ただただ作業時間だけが長くなります。そして、人間は、適度な休息をとったりリフレッシュしたりしないと作業効率が落ちるようにできていますから、結果として効率は落ちます。

すると、さらに長時間働かなければならない、ということになってしまうのです。また、「あれもやらなければ、これもやらなければ」「あれも終わっていない、これも終わっていない」という精神状態になってしまっているときには、そちらに気が散ることによっても効率が下がってしまいます。

そして、ますます「あれもやらなければ、これもやらなければ」「あれも終わっていない、これも終わっていない」という感じ方が強まるのです。

ほうっておくと「うつ」に発展!?

この傾向が強くなっていくと、人はうつ病にすらなってしまいます。

物理的には休んでいるはずの時間でも、「あれもやらなければ、これもやらなければ」「あれも終わっていない、これも終わっていない」と頭の中で考え続けることは、全く休んでいないのと同じこと。

過労でうつ病になる人は少なくありませんが、仕事量が多いと、「あれもやらなければ、これもやらなければ」「あれも終わっていない、これも終わっていない」という思考になりやすいので（あるいは周囲からそういうプレッシャーをかけられやすいので）、**ただでさえ忙しい上に、物理的には休んでいるはずの時間にすら自分に仕事をさせている、という超過労状態を作り出してしまい、ついには病気になってしまう、**というパターンをたどることも多いのです。

物理的な仕事量も少ないに越したことはないのですが、この「あれもやらなければ、これもやらなければ」「あれも終わっていない、これも終わっていない」

を止めることができれば、ただ仕事「だけ」をやっていけばよいのですから、自分への負荷はかなり軽くすることができます。

また、先ほども触れましたが、「あれもやらなければ、これもやらなければ」「あれも終わっていない、これも終わっていない」という「忙しさのメガネ」を手放してみると、それは実はやらなくてもよいことであったり、人に頼んでもよいことであったり、何かとまとめてできることだったりすることがわかり、物理的な仕事量そのものが減ることも多いでしょう。そういう人を「要領の良い人」と呼ぶのだと思います。

メリハリについては、第3章で改めて詳しく見てみましょう。

8 人生には「もう一つの選択肢」がある

ラットレースのような毎日

「忙しい病」にとりつかれているときの私たちは、忙しさに振り回されていると言えます。

一つが終わるとまた次がやってくる。その「一つ」をやっている間にも、頭の中には「あれもやらなければ、これもやらなければ」「あれも終わっていない、これも終わっていない」がぐるぐる回っている。

そして毎日を慌ただしく「忙しい、忙しい」「時間さえできれば…」と思って追われるように過ごしているうちに、気づけば人生の終わりがやってくる、という悲しいことにもなるのです。

まるでハムスターが回し車をせっせと走り続けるように、毎日の生活をせっせと走り続け、どうにかやりくりしていく人生を送りたいのか。

あるいは、ぽかぽかとした日差しの中、自分のペースで、ときにはのんびりと、ときには気持ちの良い緊張感を持って、生きていきたいのか。

この究極の選択が、自らの「忙しい病」に真剣に向き合うかどうかなのです。

私は忙しい、忙しい、忙しい

「忙しい、忙しい」と思いながら暮らしているときの私たちは、「**人生とはこんなもの**」と思っており、「もう一つの選択肢」があるなどとは気づいていません。のんびりと優雅に暮らしている人たちの存在は知っていても、それは「私たちとは違う人種」の人たちで、よほどお金があるか、恵まれた立場にあるか、怠け者の人たちなのだろうと思っているものです。

また、今の忙しさから逃れるには、人生を全部放棄しなければならないのではないかとすら思っている人もいるでしょう。少しでも手を抜くと「負け犬」になる、という恐怖を持っている人もいると思います。

「そんなに忙しがらなくても」と言われても、多くの人の反応は、**「そんなことを言っている場合ではない！」**だと思います。

でも、それ以外の人生だってある

人は、同じようにこの世に生を受け、一定の年月を暮らし、そして人生を終える存在です。もちろん持って生まれるものも、生育環境も、それぞれが異なります。しかし、「人生を送る」という点では皆が同じで、その人生の質を決めることとは自分でできるのです。

もちろん、質を決めると言っても、優秀な頭脳と経済的に恵まれた環境、愛情あふれる両親のもとに生まれた人と、その正反対の人では、そういう意味での「質」はかなり違った人生になるでしょう。

しかし、「あらゆることに恵まれていて、贅沢なものをたくさん持っていて、誰が見ても羨ましがるのに、本人は常に忙しくて、何とかやりくりしながらどうにかやりとげるような人生」と、「世間的に見ればあまり恵まれていなくても、自分のペースで生きることができていて、人生の喜びと恵みを感じながら、必要なときには気合いを入れ、そうでないときにはのんびりと過ごす人生」と、どちらが本当に豊かなのでしょうか。

物理的な「『忙しさ』そのもの」についてはもちろん認めますが、私たちにより「忙しい感」を与えるのは、「あれもやらなければ、これもやらなければ」「あれも終わっていない、これも終わっていない」という「忙しい病」なのです。

つまり、今と同じ立場で生活を続けるとしても、**「忙しい病」から解放されて生きていく、という「もう一つの選択肢」がある**ということを認識することはとても大切で、すべてがそこから始まると言ってもよいほどです。

第2章

「今」に集中する習慣をつけよう

「忙しさのメガネ」の簡単なはずし方

1

「忙しさのメガネ」がはずれる瞬間って？

「今」にとことん集中しているとき

「忙しい病」を作る「忙しさのメガネ」。その「メガネ」をはずすために最も役立つのは、「**『今』に集中する**」ということです。

今までを振り返ってみると、どんな人にも何かに心から集中した体験があると思います。そんなときには、心が透き通り、頭には余計な思考が一切なくなっているはずです。

つまり、何かに心から集中しているとき、そこには「あれもやらなければ、これもやらなければ」「あれも終わっていない、これも終わっていない」などとい

う思考もないのです。「忙しさのメガネ」がはずれている、と言うことができます。

はずれるだけでなく色も薄くなる

実は、「忙しさのメガネ」をはずそう、と意識しても、なかなかうまくいかないものです。

そんなことで簡単に「忙しさのメガネ」がはずれるような人なら、そもそも「忙しい病」に悩んでいないはずだからです。

また、本書をお読みの方の多くが、「忙しさのメガネ」をはずしたら生きていけないのではないかと思っているため、「はずさない」のではないでしょうか。

これについてはあとで詳しくお話ししますが、「忙しい病」にかかっている方の多くが、「いつも追い立てられていないと間に合わない」という思い込みを持っているものです。

この思い込みは案外頑固で、簡単に手放せるものではありません。「忙しさのメガネ」をはずそう、と思っても、どこかで心の抵抗が出てくると思います。

ですから、**「忙しさのメガネ」をはずすことに意識を向けるよりも、「今に集中しよう」ということだけ意識するのが、「忙しさのメガネ」をはずす早道だ**と言えます。

今やっていること以外は、一切考えない。目の前のことだけを着々と進める。今やっていることの結果すら考えない。「うまくいくだろうか」「ちゃんと仕上がるだろうか」などということも考えない。

そんなふうに「今」に集中すると、単にその場で「忙しさのメガネ」をはずすことができるだけでなく、全体として「忙しさのメガネ」の色を薄くする効果があります。

2 「今」への集中を積み重ねていこう

メガネがはずれるのは一瞬だけど

今、ややこしい書き方をしましたが、「忙しさのメガネ」については、そんなふうに「短期的」と「長期的」とに分けて見ていく必要があります。

誰でも、「今」に集中することによって、その場では「忙しさのメガネ」をはずすことができます。しかし、その集中が終わると、また「メガネ」は戻ってきます。もちろん常に「今」に集中していられればよいのでしょうが、なかなかそういうわけにもいきませんね。

「今」に集中している以外の時間は、「忙しさのメガネ」を通してものを見ていることが多いのですが、その「色」を薄くしていくことはできます。

第一章で、「メガネ」の色が濃くなってしまうと、「あれもやらなければ、これもやらなければ」「あれも終わっていない、これも終わっていない」という視点でしか見えなくなる、ということをお話ししましたが、「**メガネ」をはずせなくても、全体に色を薄くしていくことは可能なのです。**それは、「忙しい病」を支えるエネルギーである不安を減らす、ということでもあります。

いかに「忙しい感」を減らせるか

「今」に集中することを積み重ねていくと、全体として「忙しさのメガネ」の色を薄くする効果が期待できます。なぜかと言うと、「忙しい感」が減るからです。

反対に、実際にやっていることの他に、「あれもやらなければ、これもやらなければ」「あれも終わっていない、これも終わっていない」と考えると、気が散ります。すると、今やっていることの効率も落ちます。

また、余計な思考に余計なエネルギーを使うので、今やっていることに割けるエネルギーも減ります。エネルギーも効率も落ちた結果として、実際に、物理的な忙しさも増します（時間あたりにやるべきことの量が増えます）。

また、「あれもやらなければ、これもやらなければ」「あれも終わっていない、これも終わっていない」という思考が常にあるため、実際以上に忙しく感じられます。結果として、「忙しい感」はかなり増すのです。

「今」への集中を積み重ねていけば、このような問題が減ります。最も効率良く物事を片付けていけるので、物理的な忙しさがそれ以上増すということもありませんし、余計な思考にエネルギーを使わないため、消耗も最低限に収まります。

結果として「忙しい感」が減るため、「あれもやらなければ、これもやらなければ」「あれも終わっていない、これも終わっていない」という切迫感も減る、つまり「忙しさのメガネ」の色が薄くなる、ということになるのです。

だんだんモノの見え方も適切に

「忙しさのメガネ」の色が薄くなれば、はずさなくてもあまり影響を受けなく

なります。また、「忙しさのメガネ」の色が薄くなると、度の弱いメガネと同じで、はずすこともももちろん容易になりますね。
　ですから、その場その場で「忙しさのメガネ」をはずすように「今」に集中すると共に、そんな体験を積み重ねながら「メガネ」の色を薄くしていく、ということは「忙しい病」対策としてとても効果的なのです。

3

「いつも追い立てられていないと間に合わない」!?

「忙しさのメガネ」をはずせない人

46ページで挙げた例もそうですが、一つの大きなプロジェクトが終わったときですらほっと一息ついて自分に休息を与えることができないのは、「いつも追い立てられていないと間に合わない」という思い込みがあるからです。

先ほど、「忙しさのメガネ」を「はずさない」人が多い、ということをお話ししましたが、それは何と言ってもこの思い込みのためでしょう。

例

残業や休日出勤がもはや習慣。なので、それがない状態が信じられない。早く帰ったり休んだりするなんて不安。ちゃんと仕事ができるはずがない。

こんな例は、まさにその思い込みを中心に生きている、と言えるでしょう。しかし、その思い込みが正しいかどうかを検証してみた人はいるでしょうか。

この考えの裏には、「**いつも追い立てられていないと自分は怠けてしまう**」という思い込みがあると言えます。つまり、自分の自然体は「怠け」であって、追い立てられて初めて動く、と思い込んでいるのです。

もちろん、「やらされている感」のもとに忙しい日々を過ごしている人は、本当にやらなくてもよくなれば、怠けるかもしれません。

しかしそれは、やりたくもないのに「やらされていたから」であって、自然体が「怠け者」だからというわけではないでしょう。ただ怠けているだけの人生では、多くの人が退屈してしまうと思います。

自分がやりたいことであれば、一定の時間とエネルギーを使っていくのは、むしろ充実感や達成感につながるものです。本書の内容を活かしてメリハリのある人生のオーナーになっていけば、「やらされている感」も減りますし、やりたいことに使える時間も増えるでしょう。

怠ければ怠けるほどうまくいく!?

また仮に、本当に「自然体が『怠け者』」の人であるなら、怠けられる時間が増えたほうが幸せなはず。

「忙しさのメガネ」でものを見ていると、効率が落ちて実際に忙しさが増す、ということを前項で見ましたが、**怠け者こそ、率先して「忙しさのメガネ」をはずし、目の前のことに集中する**のがお勧めです。

その分、大好きな「怠ける時間」が増えるからです。この「怠ける」を、他の楽しみに置き換えてもわかりやすいでしょう。

いずれにしても、それがやりたいことであれ、やらなければならないことであれ、集中して効率良くできることは共通して好ましいことだと言えます。

自分が怠け者だと思う人は、「怠け者だからこそ、『忙しさのメガネ』をはずさないと、怠ける暇がなくなる」と考えるようにしたほうが、よほど現実的だと思います。

4

「やり残した」ではなく「ここまでできた」

終わらないものは終わらない

もちろん、「今」に集中しようとしても、例えば、やり残したことなどがどうしても気になってしまう、という人はいると思います。

「終えるべきだったことが終わっていない」と思っていると、当然、「あれもやらなければ、これもやらなければ」「あれも終わっていない、これも終わっていない」という感じ方を強くします。結果として、「忙しさのメガネ」の色が濃くなってしまい、「今」への集中を妨げることになります。

「やり残し」については、現実を受け入れるということがテーマとなります。

人間というのは、あくまでも遺伝情報を持った生物です。つまり、限界があるのです。「努力すれば何でも達成できる」というのは全くの嘘です。特にそれが時間軸を伴ったものである場合、どれほど集中しても、終わらないことは終わりません。また、生物である人間は、休まずに働き続けることができませんから、一定時間が経過し、一定のエネルギーを消耗すると、休息が必要となります。

「今日はここまで終えるべき」というのは、あくまでも自分が勝手に決めたこと。そのことと、生物としての人間の限界が合わないことには何の不思議もありません。ですから、「やり残し」を問題にすること自体がおかしいのです。

「**今日もベストを尽くした。でももう休む時間だ**」というだけのこと。そのことに、「あれもやらなければ、これもやらなければ」「あれも終わっていない、これも終わっていない」という意味づけをする必要はありません。

今できたことに達成感を持つ

確かに、「やり残し」は客観的な事実でしょう。やらなければならないことがまだ残っているのはその通りなのだと思います。しかし、大切なのは、「今日はここまでできた」と見るのか、「まだこんなに終わっていない」と見るのかの違いです。

後者は過去にいつまでもとらわれているということになります。そして、前者は、過去を手放し、「今」達成感を覚えている、ということです。

「忙しさのメガネ」をはずすために最も役に立つのは「今」に集中することなのですから、もちろん「今日はここまでできた」と、過去を手放すほうが「忙しさのメガネ」をはずしやすくなります。

「コップ半分の水」をどう見るか

ちなみに、こうした見方は、「コップ半分の水」の話と同じです。どういうことかと言うと、コップに半分だけ水が入っている場合に、「半分も入っている」と見るのか「半分しか入っていない」と見るのかの違いなのです。そこにある現実は全く同じなのに、見方によってこれほど感じ方が変わります。

「人間なのだから全部できなかったのは仕方がない」と現実を認めたら、「**でもこれだけできた**」と見るようにすると、「忙しさのメガネ」の色が薄くなっていきます。

例

仕事はそこそこ忙しく、ワンルーム住まい。独身。家事が溜まる。ここ1カ月、掃除機もかけていないし、食器もろくに洗っていない。たまに仕事が早く終わっても、やることがいっぱい。溜まった雑用が次から次へと押し寄せてくる。片付けていると12時過ぎ、ああ、忙しい！

こんなケースでも、感じ方は「まだこんなに終わっていない」のほうになっています。そして結果として「忙しい感」が増しています。でも、同じ状況でも、「今日は仕事が早く終わったから、12時過ぎまでかけて、これだけ雑用を片付けることができた」と見るとどうでしょうか。

「忙しい病」で完全にパニックになっているのでもなければ、実際に何かしらの雑用が片付いているのだと思います。その事実をもっと重視してみると、感じ方が変わってきます。

「でもまだこんなに…」「次から次へと…」という気持ちが出てきたら、自分はわざわざ現実を「忙しさのメガネ」で見て自分を追い詰めているのだな、ということを意識してみましょう。

同じく雑用に取り組んでも、「これだけできた」と思える人は達成感を持つことができます。達成感は、「忙しさのメガネ」の色を薄くします。そして、「**今日はよく頑張った。また仕事が早く終わる日があったら、今日みたいに雑用を片付けていこう**」と前向きにも思えるでしょう。

そんな満足感を持って眠りにつくのか、「まだこんなに残っている」という不安や焦りの中、ついでに自分の忙しさを恨めしく思いながら、なかなか寝付けない夜を過ごすのか、それは実は自分で選ぶことができるのです。

5 「とりあえずやる」と考えると楽になる

先延ばし癖で「忙しい病」が悪化

「忙しい病」の人の中には、「先延ばし癖」がある方も少なくないと思います。常に「あれもやらなければ、これもやらなければ」「あれも終わっていない、これも終わっていない」と思っているため、何かやらなければならないことがあっても、**「今、そんなことをやっている余裕はない」**と思って先延ばししてしまうのです。

そして、先延ばししてしまったことによって、ますます「あれもやらなければ、これもやらなければ」「あれも終わっていない、これも終わっていない」という感じ方が強くなる、つまり「忙しい病」が悪化する、ということも経験していると思います。

もちろん、「先延ばし」の中にも、「忙しい病」を改善する効果があるものもあります。物事に優先順位をつけて、大して重要でないことを先延ばしするのは、メリハリをつけるという意味で、「忙しい病」の改善につながります。

しかし、本当にやらなければならない、優先度の高いものなのに、やる気にならない、先延ばししてしまう、というときには、それが常に「やらなければならないこと」「まだ終わっていないこと」として頭に残っていきますので、その分焦りが強くなり、「忙しさのメガネ」の色が濃くなっていきます。

「今やるとうまくいかないかも」

そもそも、「先延ばし」は、不安と関連がある場合が少なくありません。「うまくできなかったらどうしよう」という不安があると、なかなか手をつけられない、という人も多いのです。

あるいは、「**もう少し待ったほうが良いアイディアが出るのではないか**」「**ギリギリになったほうが効率良くできるのではないか**」などと考えて先延ばしする人もいますが、それも、「今やるとうまくいかないのではないか」という不安であり、やはり結果についての不安なのです。

しかし、先延ばしをしてしまうと、「あれもやらなければ、これもやらなければ」「あれも終わっていない、これも終わっていない」という感じ方が、その「うまくできなかったらどうしよう」という不安の重みを伴って、また一つ増えることになります。つまり、「忙しい病」が悪化するということなのです。

何もしないとかえって不安が増す

このように、何も手をつけないまま「うまくできなかったらどうしよう」と心配していることは、とても大きな不安を生みます。

38ページでお話ししたように、不安というのは安全が確保されていないときに感じる感情なのですが、何も手をつけていない、つまり様子が全くわからないときには、安全は全く確保されていません。そんなときに感じる不安はものすごく強いものです。

ですから、「忙しい病」から解放されるためには、「**とりあえずやる**」ということも役立つ場合があります。

先延ばしのときによく使われる口実が、「忙しいから今はできない」というものなのですが、とりあえず少しでも手をつけることは、実はその気になればいつでもできること。完璧に仕上げようとするから、その重圧に圧倒されてしまって、「忙しいから今はできない」と感じてしまうのです。

そして、実際に手をつけてしまえば、思ったよりも大したことなく終わる、ということも少なくありませんし、ゼロから始めるよりも、手をつけたところから続きをするほうが、ハードルはぐっと低くなります。

また、手をつけてみると、全体の様子がわかりますから、手をつけていないときよりも不安は軽くなることが多いものです。

6 「とりあえずやる」を繰り返していこう

最初は「大変そう」に思えても…

ただし、ちょっと手をつけた結果、かえって**「こんなに大変なんだ！」「こんなに難しいなんて、私にはできない！」**という感じ方が強まって余計に不安になる人もいると思います。

そんなときには、それでも繰り返し「とりあえずやる」を続けることがお勧めです。

この、ちょっと手をつけてみる、というのは一つの変化を起こすということでもあります。そして変化とは、それ自体が、人の不安を喚起する性質を持っています。

それまでとは違うことを経験するというのは、「安全が確保されていない」という感覚を刺激して当然だからです。これはどんな変化についても言えることで、程度の差こそあれ、何かしらの不安を感じるのは当たり前のことなのです。

特に、「忙しい病」にかかっているときは、不安が強くなっている状態にあるので、変化には敏感です。**不安が強いときに変化に直面すると、人の心は、新しいことについて「とても大変なこと」と感じ、それまでの状態（変化する前）のほうがよかった、と思う仕組みになっています。**

つまり、変化を不安に思い、避ける方向に思考や感情が働くのです。

ですから、ちょっと手をつけてみたときの印象によって、「こんなに大変なんだ！」「こんなに難しいなんて、私にはできない！」と感じてしまうと、本当にそんなに大変なことなのかを検討したり、それをやらなかった場合にどうなるか、ということと冷静に比較してみたりすることができなくなってしまうのです。

やっているうちにどんどん慣れる

これに対して「とりあえずやる」を繰り返す、ということは、変化に慣れていく、ということ。「やる」ということを、変化という衝撃的な体験ではなく、日常にしていくのです。

すると、それが実物大でどのくらい大変なことなのか、という現実が見えてきます。第一印象の「こんなに大変なんだ！」「こんなに難しいなんて、私にはできない！」という感覚が和らいで、**何とかできそうな感覚がつかめてくる**のを感じられると思います。

本当にやらなければならないことなのに先延ばしをしてしまうと、結局は「あれもやらなければ、これもやらなければ」「あれも終わっていない、これも終わっていない」という感覚が増すだけ。つまり、「忙しさのメガネ」の色が濃くなってしまうので、注意が必要です。

秘訣は、とにかく一つ一つ片付けていくこと。その際には、余計なことを考えず、「とりあえずやる」という意識が必要なのです。

「やるかやらないか」で悩まない

また、やるかやらないかを考えているうちに時間だけが過ぎていく、という人もいると思います。これも、メリハリをつけて優先順位をきっぱりと落とすことができないような性質のものなら、「とりあえずやる」という方針を持っておくとシンプルになります。

やるかやらないかを考えている時間があれば、少しでも「とりあえずやる」をやっておくと、その日には十分な時間がとれなくても、次に手をつけるときのハードルが下がっているはずです。

なお、一回だけ手をつけてみて、かえってパニックになるという人は特に、先述の、「とりあえずやる」を繰り返す、ということを忘れずにいてください。

7 それは「疲れ」なのか「不安」なのか

実は本当に疲れているのかも

よく「非生産的な時間の使い方」としてやり玉に挙げられるテレビやパソコン、スマホ、ゲームなどですが、これらにふけってばかりいるときというのは、もちろん、先ほどお話ししたような、不安による「先延ばし」ということもあります。

しかし、実は疲れているだけ、という場合も多いものです。

テレビをボーッと見ている、単調なパソコンゲームなどを漫然と続けている、などというのは典型例ですが、このとき頭はほとんど使っていません。つまり、疲れていて頭をいろいろと使ったりできないときにテレビをボーッと見る、というような現象が起こってくるのです。

本当に休むのなら眠ってしまうなどのほうがもちろん休息効果は高いでしょうし、特にパソコンやスマホは寝つきを悪くすることもありますから、休息法として決してお勧めはできません。

ただし、そんなことで時間を使ってしまう自分を「非効率的な時間の使い方をした」と見るのではなく、「**それほど疲れていたんだな**」と見られるようになることは必要です。それが、「忙しさのメガネ」で自分を見ないということなのです。

気になるときは専門家に相談

なお、これらのことをボーッとしていることしかできない、という場合、**実はうつ病になっている、**ということもあります。最近の自分を振り返って、過労気味だと思ったら、休みを大切にしたり、専門家に相談したりするとよいでしょう。

不安だから先延ばしするのか、疲れているから気力がないのか、という区別は難しいこともあります。疲れやうつは、不安を強める作用もあるからです。

エネルギーが低下して、「やるべきことができない」という状態になると、不安も増して感じられるのです。

そんなとき、簡単な区別の仕方として、「とりあえずやってみる」のは一つの方法でもあります。

そこから気分が乗ってくれれば、不安のために二の足を踏んでいた、ということなのでしょう。

やってはみたけれども、余計に疲れた、ということであれば、やはり疲れていたのだと思います。休息を優先したほうがよいですね。

8

「今」に集中すると、仕事の質にも満足できる

完璧を目指していると終わらない

例

自分が満足するクオリティになるまで頑張るので、仕事がいつ終わるかわからなくて忙しい。

例

今度の企画、成功するかどうか、いい案が思いつくかどうかわからない。時間ぎりぎりまで、限界まで頑張らなくちゃ。だから、今月は忙しい、時間がない。

72ページで、先延ばし癖がある人は、「うまくできなかったらどうしよう」「もう少し待ったほうが良いアイディアが浮かぶのではないか」「ギリギリになったほうが効率良くできるのではないか」などという不安を持っている場合が多い、ということをお話ししました。

しかしそれは手をつける前に限られたことではなく、ここに挙げた例のように、すでに仕事に手をつけている場合でも、同じような不安によって、なかなか仕上げることができない、という人が少なくありません。

これは「完璧主義」と呼ばれるものですが、一応は仕上がっても、**「まだ足りないところがあるのではないか」「もう少し改善できるのではないか」**と、「完璧」を目指してしまい、なかなか終えることができないのです。

迷わず一気に片付けるのが正解

もちろん「完璧」を目指す限り、それがいつ訪れるのかはわかりません。「まだ足りないところがあるのではないか」という目で見れば、常に何かしらは見つかってくるでしょう。
あるいは、本来良く仕上がっていたのに、「まだ足りないところがあるのではないか」という目で見た結果として、変にいじってしまい、全体のバランスが崩れ、余計な仕事が増える、などということにもなりがちです。

この迷路から抜け出すための重要な方法は、やはり「今」への集中なのです。

人は「今」に集中するとき最も力を発揮することができる、ということを見てきました。そんな状態で為された仕事は、完成度・満足度が高くなります。おそらく、それ以上を期待してもあまり意味がない、ということになると思います。

「まだ足りないところがあるのではないか」と思いながら仕事をするということは、「今」に集中していない証拠。余計な思考に気が散っているからです。そんな姿勢で仕事をしても、満足感はなかなか得られないでしょう。

「今」に集中すれば、仕事の完成度・満足度も上がり、効率も最も良くなり、達成感も得られて「忙しさのメガネ」の色が薄くなるのですから、こんなに良い方法はないのではないでしょうか。

第3章　今こそ人生の主導権を取り戻す

毎日の行動にメリハリをつける

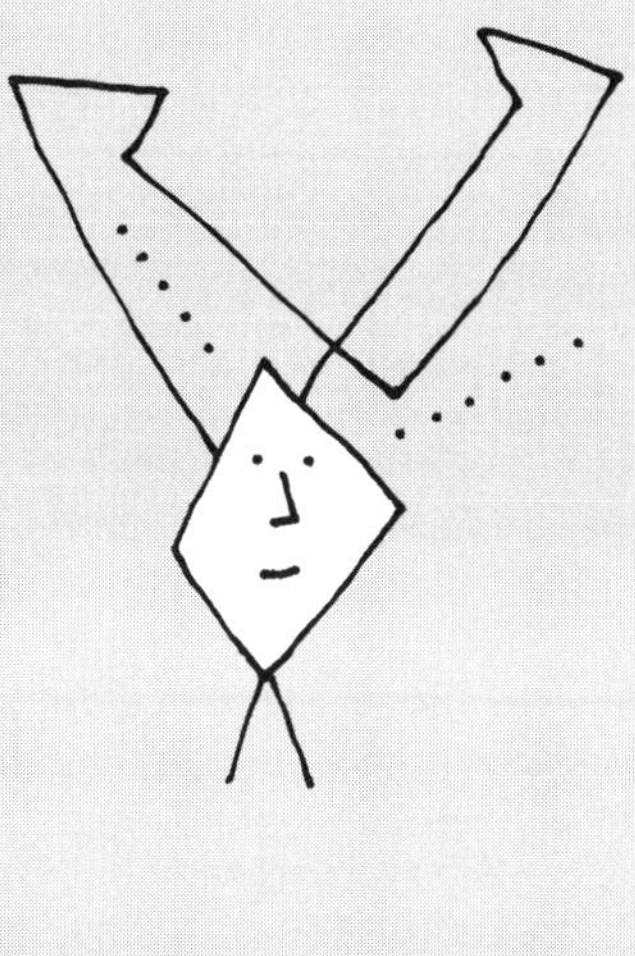

1

メリハリをつけること＝自分らしい人生を作ること

心地良い人生を取り戻すために

「忙しさのメガネ」を通して現実を見ている限り、そしてその色が濃いほど、見える風景はいつも同じ、ということになります。

見えているものは目の前にある現実ではなく、「あれもやらなければ、これもやらなければ」「あれも終わっていない、これも終わっていない」という想念だけ。こんな状態で**「やらされている感」だけを持ちながら生きていくのでは、人生のオーナーとは言えない、**ということを43ページでお話ししました。主体性がなく、無用の不安や焦りに振り回されて、何とかこなしながら生きている、ということだからです。まさに、「忙しい病」に乗っ取られた人生ですね。

「やらされている人生」から脱して、人生を自分のものとして取り戻すための一つの有効な方法が、「メリハリをつける」ことだということにも触れました。

本章では、この「メリハリをつける」ということについて、より詳しく見ていきましょう。

自分で考えて、判断して、行動する

メリハリをつけるためには、ただ漫然と「あれもやらなければ、これもやらなければ」「あれも終わっていない、これも終わっていない」に流されて生きていくのではなく、「自分の」判断が必要です。「自分が」判断している、という時点で、すでに主体的な関わりが生じ始めます。

メリハリをつけるということは、自分の判断によって、物事に優先順位をつけるということ。それは単に、「仕事を効率良く仕上げるためには何を優先すべきか」というレベルのことだけにとどまらず、より大きく人生全体を視野に入れたときに、自分はどう生きていきたいのかを考え、どこに手をかけ、どこで手を抜くかを考えるということです。

これは、「忙しい病」のまっただ中で、単に「忙しさ」「忙しい感」に振り回されて日々を生き延びる、というのとは対極にある姿勢です。

罰ゲームみたいな毎日はおしまい

「忙しい病」のときには、自分が「忙しさ」に試されているようなもの。「どこまでこの忙しさに耐えられるか」の罰ゲームでもやっているようなものです。

一方、メリハリをつけて、「自分らしい人生」を送るということは、自分の好みに合わせて人生を築き、調整していくこと。ときには忙しく、ときにはリラックスして、バランスの良い人生を送っていくことです。

もちろん**その主役は自分自身です**。忙しさの罰ゲームの哀れな一参加者でいるよりも、人生の主役として充実感や達成感を持って生きていったほうがずっと気持ち良さそうですよね。

2 メリハリがあるから効率的になる

「忙しくない時間」があっていい

メリハリをつけるということは、「忙しい時間」と「忙しくない時間」の区別をつけるということにもなります。

ところが、「忙しい病」の人の多くが、「忙しくない時間」を怖がります。「**こんなに忙しいのに、休んでいる場合ではない**」と感じるからです。

しかし、実際の効率を見ると、いつも忙しがっている人よりも、メリハリをつけている人のほうが効率的で生産的である場合が多いものです。

なぜかと言うと、メリハリをつけている人は、「今」に集中しているから。

人は「今」に集中するとき、最も効率良く動くことができる、ということは前章で見ました。

何かをやりながら「忙しい」「あれもやっていない、これもやっていない」「あれもやらなければ、これもやらなければ」と思うことは、注意を散漫にし、集中を妨げ、結果としてかえって時間がかかることになります。すると、ますます「忙しい」という感覚が強まるのです。

一方、メリハリをつけている人は、「**この時間はこれだけやればよい**」「**あの件は、今は考えなくてよい**」と割り切っていますので、今目の前にあることに集中して取り組むことができます。

ですから、「忙しくない時間」に充電できるのと同時に、「忙しい時間」の効率が良いため、結果としてはより効率的になる、ということになります。

むしろ仕事の生産性が上がる

これはよく「気分転換の時間を持ったほうが生産性が上がる」と言われるのと

同じようなことです。気分転換をするとリフレッシュしてエネルギーが取り戻されるというのも大きいのですが、より本質的には、気分転換の時間を設けることで、メリハリをつけていると言うことができます。

「**今は仕事に集中する時間**」「**今はリフレッシュする時間**」とメリハリをつけることによって、消耗を最低限に防ぐことができますし、いつも新鮮な気持ちで目の前のことに取り組むことができます。

実際、仕事に煮詰まってしまったときに、気分転換の時間を設けることによって、「**さあ、再び頑張ろう**」という気持ちになった経験がある人も多いと思います。

これは、エネルギーを充電できたというだけの話ではなく、「気分転換しよう」と決めた時点で、ただ「やらされている感」をもって「忙しさのメガネ」の視野に埋没していたときとは違う心の状態になっているという側面も大きいのです。

気分転換の時間には、仕事のことは忘れて気分転換に集中する。そして、エネルギーが戻ってきたら、再び目の前の仕事に集中する。そんなやり方が、最も効率を高めます。

3

「気分転換」することを怖がらない

「一度気を許したら最後」と思いがち

なお、64ページでお話ししましたが、「いつも追い立てられていないと自分は怠けてしまう」という思い込みにとらわれている人にとって、気分転換は恐怖の対象かもしれません。

一度でも気分転換に気を許したら最後、怠けてしまって、やらなければならないことに再び戻れなくなってしまうのではないか、と考えがちだからです。

その思い込みのために、気分転換を自分に許すことができず、メリハリのない、「あれもやらなければ、これもやらなければ」「あれも終わっていない、これも終わっていない」という世界に生きている人は案外多いと思います。

しかし、繰り返しになりますが、人間には限界があります。気分転換もせずに「やらなければならないこと」を続けていると、あちこちが疲れてきます。

疲れた目で見ると、「やらなければならないこと」の苦しさがますます強く感じられるものです。

疲れ切ってしまう前に手を打とう

また、疲れてくると、「あれもやらなければ、これもやらなければ」「あれも終わっていない、これも終わっていない」がひどくなってきます。**疲れると、不安のコントロールが効かなくなる**からです。

無理して何かを続けると、疲れて効率が落ちることと、不安や焦りの感じ方が強まることの結果として、「もう二度とあんな苦労をしたくない」という恐怖の体験にすらなることがあります。本来はそれほど重い負担でなくても、絶望的に重い負担に感じられてしまうのです。

そして、その恐怖の体験が、ますます、「いつも追い立てられていないと間に合わない」という思い込みを強めることも少なくありません。

実際には、気分転換でリフレッシュすると、「やらなければならないこと」を見る目も変わります。絶望的に重い負担に感じられていたはずのものに対して、「**とりあえずやってみる**」という姿勢で接することができるようになっているはずです。そして、「とりあえずやってみる」という姿勢になることで、「今」に集中することができますから、仕事の効率も上がります。

いざとなったらタイマーで強制的に

それでも心配な人は、気分転換の時間をきちんと決めて、タイマーをセットし、その時間だけは「やらなければならないこと」を忘れ、リフレッシュに集中してみてください。

タイマーが鳴ったら、自動的に、もともとやっていたことに戻るとよいでしょう。気分転換の時間は、自分が許せる範囲よりも少し長めにとったほうがよいと思います。そのほうが、じっくりと、その時間帯に集中することができるはずです。

怠けるのが怖い人であれば、気分転換の時間を、「休息のための時間」と見るよりも、「**集中力を高めるためのトレーニング**」と見たほうが受け入れやすいでしょう。

仕事に集中する時間、リフレッシュに集中する時間、と常に目の前のことに集中できる自分を作ることは、あらゆる場面で効率を高め、持続可能性を高めます。そのような力をつけるのだと考えれば、単に「気分転換などしたら永遠に怠けてしまうのではないか」という不安を減らすことができるでしょう。

4

ときには敢えて忙しさを引き受けてみる

一度やってしまえば、後がラクなとき

メリハリをつける際には、後々時間の節約につながると思うものに敢えて時間を投資する、という考え方も必要です。「あれもやらなければ、これもやらなければ」「あれも終わっていない、これも終わっていない」と考えて何かをするのではなく、「一時的に忙しくなるけれども、ここで敢えて時間を使って取り組んでおけば、後で楽になる」と考えて主体的に引き受けるのです。

例

公共料金の引き落としの手続きをしていないので、しょっちゅう止められそうになる。でも、忙しくて、手続きができない。

この例など、「引き落としの手続き」という投資をするだけで、その後永遠に忙しさから解放される、という典型例でしょう。そして、手続きを実際にしようと思えば、何とかできるはず。現実には、書類をもらって、少々記入して捺印し、投函するだけなのですから。

実際に手続きをしてみると、「忙しさのメガネ」がどれほど悪質だったかがわかるはずです。「忙しさのメガネ」を通して見ていたときには「**忙しいからとてもできない**」と思っていたものが、実はほんの少しの時間しか要せず、大した労力を必要としないことがわかるからです。

「しょっちゅう止められそうになる」というサバイバル人生を送っていると、結局は止められそうになるたびに支払いに行く、という余計な時間がかかってしまいますから物理的な忙しさも増しますし、追い詰められる体験をするたびに「忙しい病」も悪化するでしょう。ですから、「忙しい病」を治すためには敢えて時間を作って「引き落としの手続き」という投資をするべき状況だと言えます。

し忘れるとダメージが大きすぎるとき

例 忙しくて運転免許の更新に行けず、無免許に。情けなさすぎて、思い出すたび腹が立つ。今となっては、どんなに忙しくても行けばよかったと後悔…。

この例は、まさに象徴的と言えるでしょう。ちょっとした時間の投資を怠ったために、次に免許を手にするには膨大な時間が必要となるのです。きちんとメリハリをつけて、他の用事に優先して免許の更新に行っていれば、免許が失効することなどなかったはずです。

免許のような性質のものは、先延ばしのツケがあまりにも大きいので、かなり優先度の高い用事になると言えます。そして、「優先」という意識さえ持っていれば、どんなに忙しい時期にも、更新は可能なはず。

実際に本人も、「どんなに忙しくても行けばよかった」と言っているということは、その気になりさえすれば可能だったということですね。

免許が失効したら大変なことになる、というのは、知識では誰もが知っている話です。それなのに、「忙しさのメガネ」で見ると、「あれもやらなければ、これもやらなければ」「あれも終わっていない、これも終わっていない」だけしか見えなくなり、**免許が失効したら大変なことになるという当たり前のことすら目に入らなくなってしまう**、というのは恐ろしいものです。

やらないとどんどん苦しくなるとき

例　仕事を手伝ってもらいたいけれど、その準備が面倒くさくて、自分で全部やるクセがついている。だからいつも忙しい。

「手伝ってもらう」ということが現実的で、自分の忙しさが確実に減るということであれば、敢えて一定の時間とエネルギーを使ってその準備をするのは、脱・「忙しい病」につながります。

この類のことは、どこかで腹をくくる必要があるのです。これは、お金の投資と似ています。お金の場合も、儲かると見れば、どこかでどんとお金をつぎ込む必要がありますし、それをしない限り大きな儲けは望めないでしょう。

時間についても同じで、「**これは時間の節約につながる（時間が儲かる）**」と見たら、**それを実現するために時間をどんとつぎ込む**のです。

投資は、利益が見込めるものに対してするもの。手伝ってもらうことに時間的利益が見込めるのなら、「面倒くさい準備」を投資と考えてみましょう。

そのために仕事の時間が増えたり、他の仕事がいったん滞ったり、睡眠時間が一時的に少し短くなったりするかもしれません。しかし、その時期に手をかけておけば、必ずリターンはあるのです。

逆に、そこで手をかけないと、永遠に全部の仕事を自分でやることになってしまい、「本当は手伝ってほしいのに」という被害者意識を持ち続け、「忙しい病」を抱えたまま、人生を無駄遣いすることになってしまいますね。

ただし、投資と考えるからには、準備を整えればきちんとできる人に任せないとうまくいきません。もちろん人間に完璧はありませんから、どの程度をその人

にとっての「きちんと」として期待するかは調整が必要です。

例えば、こちらが考える「きちんと」はできなくても、「わからないときは必ず確認を求めてくれる」なども、一つの「きちんと」の形でしょう。

現実的に相手に期待できる「きちんと」を確認しておけば、「ちゃんとできているだろうか」という不安にいつもとらわれている、という事態を防げます。

「忙しい病」のエネルギーは不安。何であれ、不安を手放すことは、脱・「忙しい病」につながっていきます。

5

今は何を優先すべき時期なのか？

ライフステージに合わせて考えよう

「メリハリをつける」という意味では、「今は何を優先すべき時期か」を考えることもとても重要です。

例えば、育児と仕事の両立が難しい時期には、普段は優先順位の高い「節約」の順位を下げて、ベビーシッターやタクシーにお金を使う、というふうに考えるのもよいでしょう。確かに節約は大切なことではあるけれども、重要なのは、「今」、何を優先すべきか、ということです。

反対に、時間には余裕があるけれども経済的な不安が強い時期は、「節約」がかなりの優先事項になると思います。

例　専門職。働き出してから、仕事を覚えるために、この半年仕事中心の生活。

仕事についたばかりのとき、あるいは転職なり異動なりをした後は、「一定期間、仕事を最優先にする」という意識を持つと役に立ちます。そんなことは誰だってわかっている、と思うかもしれません。しかしここで重要なのは「**一定期間**」という部分です。

つき合いが悪いと言われようと何だろうと、一定期間は仕事に専念させてほしいということを、自分で決めると同時に、周りにも公言するのです。すると、余計な誤解を受けるリスクも減らせます。

例えば3カ月、半年。期間を決める

「一定期間」は、職種によりますが、「３カ月間」「半年間」「一年間」など、とりあえずきちんと決めておくのがよいでしょう。

「まずは半年間、仕事に専念してみる」と決めておけば、実際にはそれよりも早く適応できたとしても、あるいはもっと長い期間が必要だとしても、単に調整すればよいだけです。

重要なのは、期間を決めて集中すること。これは、その間、他のことがおろそかになる自分に罪悪感や不全感を持たないですむことにつながります。

また、仕事に専心すると決めておけば、「あれもやらなければ、これもやらなければ」「あれも終わっていない、これも終わっていない」という「忙しさのメガネ」を手放すことができます。

実際に仕事そのものは忙しくても、他のことに気を散らさなければ、必要最低限の期間で、最大の成果を上げることができるでしょう。

他のことは手を抜いてもOK

もちろん、仕事を最優先する時期だからといって、他のことをやってはいけな

いというわけではありません。

すでに見てきたように、リフレッシュ効果があることをすれば、仕事の効率を上げるでしょう。

それ以外のことにも手をつけてかまわないのですが、その際、「**仕事を最優先にできていれば、他のことは中途半端でかまわない**」という意識のメリハリが重要です。

そうしないと、すぐに「あれもやらなければ、これもやらなければ」「あれも終わっていない、これも終わっていない」が戻ってきかねないので、そこだけ注意してください。

6

締め切りは自分から「前倒し」

「間に合わなかったらどうしよう」

締め切りに追われて生活している人にとって、「締め切り地獄」はきついもの。仕事そのものも大変ですし、「間に合うだろうか」「もしも間に合わなかったらどうしよう」という不安が上乗せされると、そのプレッシャーはかなりのものになります。

中には、「**締め切りが近づかないとやる気が出ない**」という人もいます。あるいは、「**ぎりぎりまで自分を追い込んだほうが良いアイディアが出る**」ということを、手をつけない言い訳として持っている人もいます。

そういう人は、「もしも間に合わなかったどうしよう」という不安のエネルギーで仕事を前に進めていると言えるのですが、不安のエネルギーで生きていくことはきついもの。かなり消耗します。

そして、「忙しい病」のエネルギーは不安ですから、こんなふうに「もしも間に合わなかったらどうしよう」という状況の中で自分を追い込んでばかりいると、当然「忙しい病」も悪化します。

自分のペースなら不安は最小限に

こんなときに、脱・「忙しい病」のために役立つ方法があります。それは、締め切りを自分で前倒しすることです。**締め切りのある仕事の場合、可能な限り、早く仕上げてしまう**のです。

今までの経験から「ぎりぎりまで追い込んだほうがお尻に火がついて集中できる」と思っている人もいるでしょうが、それは、「ぎりぎりまで追い込んだこと」が本質なのではなく、「結果として集中せざるを得なくなった」ということが本質なのです。

それがいつであろうと、集中さえすれば、ぎりぎりのときに発揮されるのと同じ力を出すことができます。

どうせやらなければならないことであれば、いつやっても同じ。ですから、ちょっと頑張って、締め切りを自分で勝手に前倒しするのです。

「忙しい病」を作る要因の一つに、「やらされている感」があるということを見てきました。同じ忙しさでも、自分がやりたいことを存分にやっているのであれば、物理的に忙しくても、むしろ達成感や充実感を持つことができ、「忙しい病」に特有の被害者的な感覚にはなりにくいはずです。反対に、周りのペースに巻き込まれてしまうと、「忙しい感」が強まり苦しくなります。

締め切りを前倒しする効果は、「自分のペースで仕事ができる」ことです。**締め切りに縛られて仕事をするのは、先方が決めたペースに巻き込まれているだけ。**「もしも間に合わなかったらどうしよう」という不安で自分を追い込むのではなく、締め切りとは関係なく「今」に集中して仕事をしていくことで、心もとても安定しますし、仕事の効率も上がるはずです。そして、一つ仕事が仕上がれば、その達成感から「忙しさのメガネ」の色はぐっと薄くなるはずです。

敢えて急がないのも作戦の一つ

例　仕事を定時に終わらせるためにムダなくやるのはかえって疲れる。残業1時間になってもいいから、全力疾走はしたくない、と思うこともある。

これは、締め切りの前倒しとは逆のパターンなのですが、先方が決めたペースに巻き込まれず主体性を発揮する、という意味では同じことです。定時というのは、あくまでも職場の決まりですから、自分にとってそれが最も良いタイミングかどうかはわかりません。

メリハリというのは、自分が主体的につけるときに最も大きな効果を現すもの。大きな視野でメリハリを考えたとき、それは、自分のペースで仕事をし、たまたま終わる時間が定時よりも1時間遅いとしても、そこからはオフにする、というやり方が自分にはちょうどよいかもしれませんね。

7

何事も「できるだけ」と考えよう

「予定が立てられない」という悩み

例

仕事がいつも忙しく、急な出張や仕事の軌道修正が入りがち。深夜残業や休日出勤が多く、プライベートの予定が立てられない。1カ月先、3カ月先、半年先などの予定も、仕事優先なので、無理。レストラン、舞台、コンサート、旅行など、予約をしてどこかに行く、ということができない。家族は激怒。今はもはや別行動に。予約しなくても行けるけれど、正規料金で損した気分。これも忙しいからか?と思うとむなしい。

例
忙しいから、予定が立たないから、予約するのが、苦手。セミナーの予約ができない。聴きに行きたい講演の予約が入れられない。うだうだ考えているうちに、満席になり受付終了。結局その日は、一日じゅうヒマだった。

「予定が立たない」「もしかしたら予定が入るかもしれない」というのも「忙しい病」に特徴的な感じ方の一つです。結果として、未来にできるかもしれないことの可能性を私たちからどんどん奪っていきます。

しかし、本当に忙しく、かつその忙しさが予測不能な場合、「**もしかしたら」に備えていると、本当に人生を「生き損なう」ことになってしまいます。**「もしかしたら用事が入るかもしれない」と待機していると、人生全部がスタンバイになってしまうのです。

多少の無駄や予定変更は仕方ない

それよりは、「少しは無駄になってもかまわない」と、予約をしておき、本当にだめになってしまったら諦める、という生き方のほうがずっと可能性が広がるはずです。

もちろん予約せずに行けるものならそれでもよいでしょう。その場合、「正規料金で損した気分」ということですが、一番の損は何かと考えてみてください。やはりそれは、人生の質が損なわれることだと思います。

ここで必要となるのは、まず、**「現実の受け入れ」**です。「自分の仕事は、予約をしてどこかに行くという形には向かない」という現実を受け入れ、その中でできるだけやっていく、という発想に転換すると、人生の質が向上していきます。

そして、この**「できるだけ」**という考え方は、「忙しさのメガネ」を手放す上でとても有効です。それは、「あれもやらなければ、これもやらなければ」「あれも終わっていない、これも終わっていない」という感覚の対極にあるものだとも言えます。

「できるだけ」というとき、視点は現在にあり、そこから一歩一歩足をのばしていく感じがします。視点が未来に行き現在を乗っ取ってしまう「あれもやらなければ、これもやらなければ」「あれも終わっていない、これも終わっていない」とは方向性が逆なのです。

簡単に言えば、これは完璧主義を手放すということでもあります。完璧主義のエネルギーも不安。それを手放して、「できるだけでよい」と思うことは、不安を手放すことそのものなのです。

「忙しい病」の人は現実を受け入れていない

実は、「忙しい病」の人は現実を受け入れていないことが多いものです。自分の現状を、いつも「どこか足りない」というように感じてしまい、そのまま受け入れることができないのです。

この感じ方はある意味、当然のものだと言えます。「あれもやらなければ、これもやらなければ」「あれも終わっていない、これも終わっていない」と思っている人が、自分の現状について「どこか足りない」と思うのは当たり前ですね。

しかし、**現実は現実、と割り切るところから、「忙しさのメガネ」の手放しが**

きませんね。

始まります。そもそも、現実を受け入れなければ、「今」に集中することなどで

なお、「現実の受け入れ」というのは、予約しておいたのにだめになった、というようなときにも必要な姿勢です。

そのようなときには、「せっかく予約しておいたのに」「楽しみにしていたのに」と、現実を受け入れたくない気持ちになるものです。そんなときに現実を受け入れるためには、「これは現実なのだから受け入れるべき」という考え方をしないほうが早道です。

それよりも、**「せっかく予約しておいたのに、本当に残念」「楽しみにしていたのにひどい」**という自分の気持ちをそのまま受け入れることが、「現実の受け入れ」の第一歩です。

そこで感情を抑制してしまうと、なかなか現実を受け入れることができなくなります。何と言っても、「本当に残念」「ひどい」と思う自分も、間違いなく現実の一部だからです。

8 「親しい関係」を損ねないために

「忙しさ」で家族の絆が崩壊!?

「できるだけ」という考え方は自分自身にはそのまま適用できますが、そこに家族や友人なども関わっている場合には、その人達との関係が損なわれないように気をつける必要があります。

前項の例でも「家族は激怒。今はもはや別行動」とありますが、まさに関係が損なわれてしまったということなのでしょう。

前項では、予定していたことがだめになったとき、「せっかく予約しておいたのに、本当に残念」「楽しみにしていたのにひどい」という自分の気持ちを受け入れることが大切だということをお話ししましたが、これはそのまま、家族との関係にも応用できます。家族の人たちも、「本当に残念」「ひどい」という感情を持っており、それを受け入れていく必要があるからです。

ここで重要なのは、**「本当に残念」「ひどい」という気持ちを家族と共有すること**。どちらも運命の被害者である点は同じだからです。

こちらが「仕事なのだから仕方がない」というような「物わかりの良い」姿勢を示すと、家族はがっかりした感情を受け入れてもらえないと感じて、激怒してしまいます。それよりも、「本当に残念」「ひどい」という自分の気持ちを知らせることで、家族と同じサイドにつくことができます。

もちろん、がっかりしたり怒りを覚えたり、という感情を直ちにゼロにすることはできませんし、消化するためにはある程度の時間が必要なのですが、相手が共感してくれていれば、関係を根本的に損ねることはないでしょう。

「自分も行きたかった」「自分も楽しみにしていた」ということが伝われば、家族や友人をないがしろにしているわけではなく、こちらも同じ被害者であることがわかるからです。

例 **友人の誘いを断り続けてしまう**

いつも忙しいので、友達から、「来週どこか空いてない？」と聞かれても答えられず。つき合いが悪いと思われている。つい「忙しくて」と答えてしまう。1カ月先の約束でも、確約できず、ものすごく戸惑って、決められない。仕事が入るかもしれないし、などと思うと、「行けたら行く」と返事して、間際になって「やっぱり行けない」と断ることが多い。

この状況や心境はとてもよく理解できます。こんな形で友達を失っていくのは嫌ですね。ですから、少し考えてみましょう。

そもそも、ここで相手から「つき合いが悪い」と思われているのは、物理的な忙しさそのものによるのか、それとも「忙しい病」によるのか、どちらなのでしょう。

「いつも忙しいので」と言っている本人は、物理的な忙しさのせいだと思っているのかもしれませんが、誘ってくれる相手に実際に伝わっているのは何でしょう。

この例から見ると、**「忙しくて」「行けたら行く」「やっぱり行けない」**というのが、実際に伝わっている言葉です。そして、その背後にある悶々とした気持ちは、伝わっていない可能性が高いですね。

これでは、「つき合いの悪い人」を超えて、**「そもそも友達でいたいの？」**という気持ちを相手の中に引き起こしてしまうかもしれません。

しかし、人との関係は、物理的に共有する時間だけではありません。人との関係性を決定的に決めるのは、その態度でしょう。

例えば、「忙しくて」「行けたら行く」「やっぱり行けない」というとき、どのくらいの事情を説明し、どんな態度をとっているでしょうか。「ものすごく戸惑う」とありますが、そんな戸惑いの気持ちは伝わっているのでしょうか。

戸惑うのは、「確約したいのに、できない。どうしよう」と思うからであって、相手への気持ちがあってこそのもの。そこが伝わらなければ、相手への気持ちが伝わりません。

大切な相手にきちんと伝えよう

相手に伝えたいことは何でしょうか。「**本当は一緒に行きたい**」「**親しくしたい**」ということでしょう。ところが、戸惑っているときには、このような気持ちは伝わらないことが多いのです。

なぜかと言うと、「どうしよう、どうしよう」という思考ばかりに気持ちを奪われてしまって、相手に注意を向けられなくなってしまうからです。

これも、「忙しい病」の症状の一つだと言えます。「あれもやらなければ、これもやらなければ」「あれも終わっていない、これも終わっていない」ということばかりを見ているので、「相手」に何を伝えたいか、「相手」には実際に何が伝わっているのか、というところに考えが及ばなくなってしまうのです。

本当に断れないタイプの仕事をしているのであれば、その悲しさを相手に伝えて「**大変だよね**」と共感してもらえるはずです。

そして、常に自分は間際に断る可能性があるということを前提に、他の友人を

交えて予定を立てるなど、計画全体を組んでもらえばよいのです。
間際になって断るときも、「**本当にごめんね**」「**私も悲しい**」と、相手に伝えたい自分の気持ちを伝えてみると、雰囲気がずっと変わってくるでしょう。
物理的に時間を共有することと、親しさを育てることは、重なるところも多いとはいえ、同一のものではありません。
「つき合いが良い」人が必ずしも人気者だということはありませんし（便利な存在だとは思われているでしょうが）、つき合いが良ければ本当の親友になるということもありません。

親しくなるということは、安心して本音を打ち明け合えること。自分の過酷な職場について話すことができ、「本当に会いたい」と伝え、だめになったときに本当にがっかりして残念な気持ちを伝えられること。

「つき合いが悪いと思われているのではないか」などと思っているときには、どうしても目は「つき合いが悪いと思われているであろう自分」に向いてしまいます。何となく後ろめたい気持ちになって、どちらかと言うと相手に背を向けるような感覚になってしまうはずです。

この「相手に背を向けるような感覚」こそが、真のつながり感を損なう、ということは現実に多いはずです。それよりも、相手をまっすぐに見て、「本当にごめんね」「悲しい」と伝えたほうが、良い「つき合い」になりますし、親しさも増すでしょう。

第4章

目指すは「自分に合った」シンプルライフ

あれもこれもはいらない

1 本当に必要なこと、やりたいことだけ

物に置きかえて考えるとわかりやすい

前章では、メリハリのつけ方についてお話ししましたが、メリハリをつけることの一つの側面は、「不要なものを落とす」ということです。

「忙しさのメガネ」をはずすためには、やるべきことに大胆な優先順位をつけることがとても大切です。

「あれもやらなければ、これもやらなければ」「あれも終わっていない、これも終わっていない」まで一緒に見えてしまうときには、「あれは後でいい」「これはとりあえず考えなくてよい」という作業をしなければならないのです。

最近では、物に関しては「捨てる」ことの価値が共有されつつあります。物の少ない住居やオフィスを「美しい」と感じる人も多いですし、その機能性はもちろんすばらしいものです。

でも、**「何をするか」ということについては、ごちゃごちゃと散らかった状態が続いている人が多い**のではないでしょうか。つまり、まさに「あれもやらなければ、これもやらなければ」「あれも終わっていない、これも終わっていない」ということなのです。

しかし、物のレベルで考えればわかりやすいと思いますが、他人が持っている物をすべて自分も持つ必要があるかと言えば、自分の生活には全く関係のない物だったり、合わない物だったりすることもあるでしょう。つまり、それを持つことが「無駄」になる物がある、ということはわかるはずです。

無駄な物を手に入れると、お金も無駄になりますし、空間も奪ってしまいます。さらには、その物がメンテナンスを要したり、物が散らかっているために生活全体の効率が悪くなったりすれば、時間すら無駄になる、ということになります。

「やる・やらない」の判断もこれと同じ

「何をするか」ということについても実は全く同じ構造です。人がやっていることであっても、自分の人生には全く関係のないものだったり、合わないものだったりすることもあると思います。

また、そんなことを「他人がやっているから」という理由でやってしまうと、時間も無駄になりますし、本来自分がやりたいことのために残される時間が減ってしまいます。

何と言っても、時間あたりにやらなければならないことの量が増えすぎてしまいますから、「あれもやらなければ、これもやらなければ」「あれも終わっていない、これも終わっていない」という感覚も強まると思います。つまり、「忙しい病」が悪化するのです。

ですから、本当に自分にとって必要なものか、あるいはとてもお気に入りのものなのか、という軸で判断して、物をシンプル化するのと同じように、**「何をするか」**

についても、必要性、お気に入り、という軸で考えてよいのです。

例 フェイスブック、ツイッターなど、マメにやっている友人が多い。ブログも更新して、メールもよくくる。みんな充実していそう。自分はあんなふうにマメにできない。

例 毎日、ＳＮＳ、ネット、ショップやレストラン、カフェの情報チェックなど、けっこうやることがいっぱい。大変だな、と感じる。

例 いろいろＨＰをブックマークするけれど、後日それを活用することはない。そんなに駆使できない。

そもそもこの情報化時代、あらゆる情報を追っていたら、それだけで人生が終わってしまいます。また、追う価値のない情報もあります。自分にとって何が必要なのか、何に価値があるのか、ということを考えながらでなければ生きていけない時代になっています。

ここに挙げた例の人たちはいずれも「他の人はできているのに自分はできていない」ということで自分がだめだと思っているようですが、これは、68ページでお話ししたこと、つまり、「コップに水が半分しか入っていない」という見方です。

しかし、発想を転じてみれば、今、他人が何をやっていようと、自分が「**やらずにすんでいる**」ということもまた事実なのです。

そういう余計な要素を持ち込まずにせっかくシンプルにできている生活を、ネガティブに、「足りないもの」として見る必要はないはずです。「やらずにすんでいる」ということは、本当に必要なものではない、と言ってよいと思います。

迷ったら「やること」を最低限に絞り込む

それでも、と思う人にとって役立つ考え方は、「自分がこの社会で生きていくための最もシンプルな形は何かを考えてみる」ということです。「生きていければそれでよし」と考えたときに、本当にする必要があることは何でしょうか。

生きていくために本当にやらなければならないことだけに絞ると、自分の生活はどんなふうになるだろうか、とイメージしてみます。それはかなりシンプルなものであるはずです。

そうやって、必要最低限のシンプルライフを頭の中で描いてみて、それに加えて、**「本当に興味があってやりたいこと」を少しずつ上乗せしていく、**というふうに考えてみれば、「あれもやらなければ、これもやらなければ」「あれも終わっていない、これも終わっていない」に圧倒されずにすむでしょう。

2

「べき」ではなく「したい」で選ぼう

どちらを基準にしているかで大違い

「忙しい病」から解放されて自分らしいシンプルライフを目指していく際に、必要性とお気に入り度で選ぶ、ということをお話ししましたが、人によっては、何が必要なのか、自分が本当にしたいことは何なのかの判断が難しい、ということも多いと思います。

例えば前項で挙げたような例についても、「時代に乗り遅れてはいけない」と思っていれば、それは「必要なこと」と感じられるかもしれません。

しかし、そうやって、何でもかんでも**「時代に乗り遅れないために必要なこと**

ではないか」と思っていると、ごちゃごちゃと散らかった人生になってしまいますし、「あれもやらなければ、これもやらなければ」「あれも終わっていない、これも終わっていない」と、「忙しい病」も悪化してしまいます。

　こんなとき、**自分は「べき」と「したい」とどちらで選んでいるのだろうか、**と考えてみると役立ちます。

「時代に乗り遅れないために必要なことではないか」という考えは、基本的に「べき」に基づくものです。「時代に乗り遅れるべきではない」「この時代、このくらいのことはできているべき」などという「べき」があるでしょう。

　一方、「**こんなことができる時代になったのだから、やりたい！**」と思っているのであれば、それは「したい」ことになります。

「べき」はダメな自分に意識が向きがち

　この二つの違いは、できていない自分についての感じ方から知ることができます。

「べき」に基づいている場合、できていない自分についての感じ方は、何かしらの不安や「**人間としての足りない感じ**」を伴うものです。前項で挙げた三例ともが、そういう感じ方になっています。

また、「べき」に基づく場合には、「他の人たち」という比較対象があります。他の人たちはちゃんとやっているのに、自分はできていないからだめだ、という感じ方なのです。

一方、「したい」の場合は、「時間がなくて残念」「何とか時間を捻出できないだろうか」と、視線は、「**できていない自分**」**ではなく**「**したい対象**」に向かいます。できていない自分についてどう思うかと聞かれれば、「悔しい」「残念」「何とかしたい」という感じになるでしょう。

つまり、できていない現状について、「自分がだめだから」「自分はどこか足りない」と感じるのであれば、それは「べき」に基づいて考えている証拠だと言えるのです。

「しなくてもいいこと」はいろいろある

例 とりあえず、今週は、○○監督の映画のDVDを5枚借りてきた。毎晩1本見ようと思ったけど、結局、疲れて出だしの15分で寝てしまう。忙しいので、疲れて、映画も見られない（でも実は、他人がいいと言っているだけで、自分は好きでもない監督だったりする）。

例 今年のベストセラー小説を5冊買って、お正月に読もうと思ったのに、結局1冊目の途中までしか読んでない。なんだかんだで、家事や雑用をしていて読めない。なぜ、私はこんなに忙しいんだろう。

例 家を買った。でも忙しくておそらく、そのうち4割くらいは物置で、活用していない。ああ、もったいない。

例 CS、BS、地上波、テレビ録画に忙しい。すでに50時間も録画。でも実は見る時間がない。

このあたりの悩みも、前項で挙げた例と同じような構造なのですが、特徴として、**「自分が忙しいからできていない」**というところに焦点が当たってしまっています。

それが、「あれもやらなければ、これもやらなければ」「あれも終わっていない、これも終わっていない」をさらに加速し、「忙しい病」を悪化させているようです。

しかし、よくよく見てみると、それぞれのことは、別にしなくてもよさそうなものです。

好きでもない監督の映画、ただのベストセラー、家の中あと4割の活用、録画した番組…。いずれも、しなくても生きていけることであり、実際にやらずにすんでいるのは事実です。

これらにもやはり「べき」を見つけることができます。

他人が良いと言っている映画は見ておくべき、ベストセラーは読んでおくべき、家を買ったらきちんと活用すべき、見ておいたほうがよさそうな番組は見ておくべき、とその基本は「べき」なのだと思います。

3 「べき」は「忙しい病」を悪化させる

「やらされている感」と「不安」でいっぱい

「忙しい病」から脱して人生の主導権を取り戻すために必要なのは、「したい」を優先することです。

実は、「べき」は、「忙しい病」を悪化させる重大な要因です。本当はする必要もない、したくもないことなのに、「○○のために必要なことではないか」と考えて「やらなければいけない」と思っていることが案外多いからです。

もちろんそれは「あれもやらなければ、これもやらなければ」「あれも終わっていない、これも終わっていない」につながっていきます。

「べき」の場合、基準が自分の中ではなく外にあって、それに合わせて行動していく、ということですから、究極の「やらされている感」をもたらすのです。

また、そのエネルギーは「不安」です。常に、「**自分はちゃんとできているだろうか**」と外側から自分に評価を下すようなことになるからです。

いかに「べき」を見つけて減らしていくか

もちろん立場上どうしてもはずせない「べき」もあるでしょうが、本当にじっくり考えてみると、単に自分が思い込んでいるだけであって、そんな「べき」はそれほど多くないはずです。

また、本当に必要な「べき」であれば、日々の忙しさの中に埋没してしまうことなどなく、「否応なしにやらざるを得ない」という形をとるのが普通です。

例えば小さな子どもに食事をとらせる、などというのは、確かに「べき」であって、「したい」と思えないときもあるのですが、それでも間違いなく、否応なしにやらざるを得ないですね。

ですから、自分の頭の中で「〇〇のために必要なことではないか」と考えているレベルのことは、どうしても外せない「べき」ではないことがほとんどなのです。多くの場合、それは不安が生み出す想念と言ってもよいかもしれません。

「忙しい病」を作るのは、「したい」よりも「べき」を優先する姿勢、と言うこともできます。

そして、「**忙しい病**」**から抜け出すために必要なことは、**「**べき**」**ではなく**「**したい**」**を優先すること、**また、「べき」と思えることを精査してできるだけ必要最低限に減らしていくこと。

つまり自分を優先することへの罪悪感をなくすということでもあると言えます。

その具体的な方法は、第5章・第6章で見ていきたいと思います。

4

「周りの目」ではなく「自分の目」で見る

思い切って方針転換してみよう

例

忙しくて、月1回ペースでしか休めない。実績は常にトップクラス。一方で毎週2日休めている人もいて、彼らの実績は中程度。特に困ってはいないけど、自分ももうちょっと休みたい。でも、上位をキープする限りは、休めない。今さら休みを増やすと、手を抜いたと思われるかもしれず、方針変更しづらい。

これも、前項でお話しした「べき」か「したい」かの話と同じなのですが、「上位をキープする」ということが、自分にとって「べき」なのか「したい」なのかを考える良い機会だと思います。もちろん、多くの人にとって自分の実績が上位だということは嬉しいことでしょう。

しかし、「もうちょっと休みたい」「手を抜いたと思われる」というあたりからは、これは本当の「したい」なのではなく、「べき」なのではないかと感じ取れます。

一般に、周りの目を意識している、という時点で、それは「したい」ではなく「べき」であることが多いのです。「**良い社員でいるべき**」「**手を抜くべきではない**」などの「べき」に縛られているのでしょう。

そして、本当にこんな人生を続けていきたいのか、とよくよく考えてみれば、答えはノーなのではないでしょうか。そうであれば、どこかで必ず「方針転換」が必要になるはずです。

自分も周りも徐々に慣れる

75ページで、あらゆる変化はストレスで、適応するためにはそれなりに時間がかかる、とお話ししましたが、周りの人たちにとっても、この「方針転換」に適応するにはそれなりのプロセスが必要になるかもしれません。

確かに、最初は「手を抜いている」という感覚を持たれるかもしれません。でも、減らした勤務時間の中でも誠実に仕事をこなしている姿を見ていくうちに、**感じ方は必ず変わってくる**はずです。


変化を起こした直後の相手の反応ですべてを判断するのは、早計というものです。「忙しい病」から脱するためには、何であれ変化が必要なのです。

「どんな変化も、最終的には乗り越えられる」ということを頭に置いて、新たなチャレンジをしてみる時期、と前向きにとらえてみるのもよいと思います。

5 行動と目標が合っているかを考えよう

キャリアアップのジレンマ

例

キャリアアップや昇進・給与アップのために、資格や英語の勉強をしているけど、忙しくてしんどい。勉強しているけど、資格は不合格。ＴＯＥＩＣの点数も６５０点から全然上がらない。やりたいことがいっぱいあるのに、忙しくてうまくいかない。

こんなケースの場合、「上を求める」ことによってかえって「忙しい病」が悪化しているわけですから、もともとの動機から振り返る必要があるでしょう。

そもそも、私たちは何のためにキャリアアップや給与アップを望むのでしょうか。それは、**「今よりも質の良い生活をしたい」「生活にもっと余裕を持ちたい」**というものである人が多いはずです。

自分の裁量もなく、悪条件でただあくせくと働かされるような生活から、自分らしく働き、経済的にも余裕ができ、仕事も私生活も両立させられる生活へ。そんなイメージがあるのではないでしょうか。

しかし、これは調査の結果からも、いろいろな人の経験からもわかっているのですが、キャリアアップを目指せば目指すほど、実際に生活は忙しくなり、自由が制限されてくる、という人が多いようです。つまり、仕事を頑張ると楽になるどころか、かえってきつくなる傾向があるのです。

望んだ「余裕」を手に入れるには？

仕事をしてお金をたくさん稼げば、余裕ができそうなもの。しかし、実際に起こっていることを見ると、仕事をすればするほど忙しくなり、お金の有無にかかわらず、かえって余裕がなくなる、という事象が多く観察されています。

これはなぜかと言うと、お金を稼いで生活レベルが上がると、それを維持するためにもっと稼がなければならないから、というのも大きな理由の一つだと言えるでしょう。

また、他人から「できる」という目で見られると、その期待を裏切りたくないため、さらなるレベルアップを目指したくなる、ということもあります。人によっては、ストレスが溜まるために、無駄遣いをしてしまって、結局手元に残るお金は薄給時代と同じ、などということにもなってしまうようです。

つまり、「忙しい病」を持ちながらキャリアアップをしても、待っているのは「忙しい病」の症状だけ、ということでもあるのです。それでは、キャリアアップによって望んだ「余裕」は手に入りませんね。

自分にムリのないやり方に変える

もちろん、資格の取得やＴＯＥＩＣの点数が上がることは達成感をもたらし得

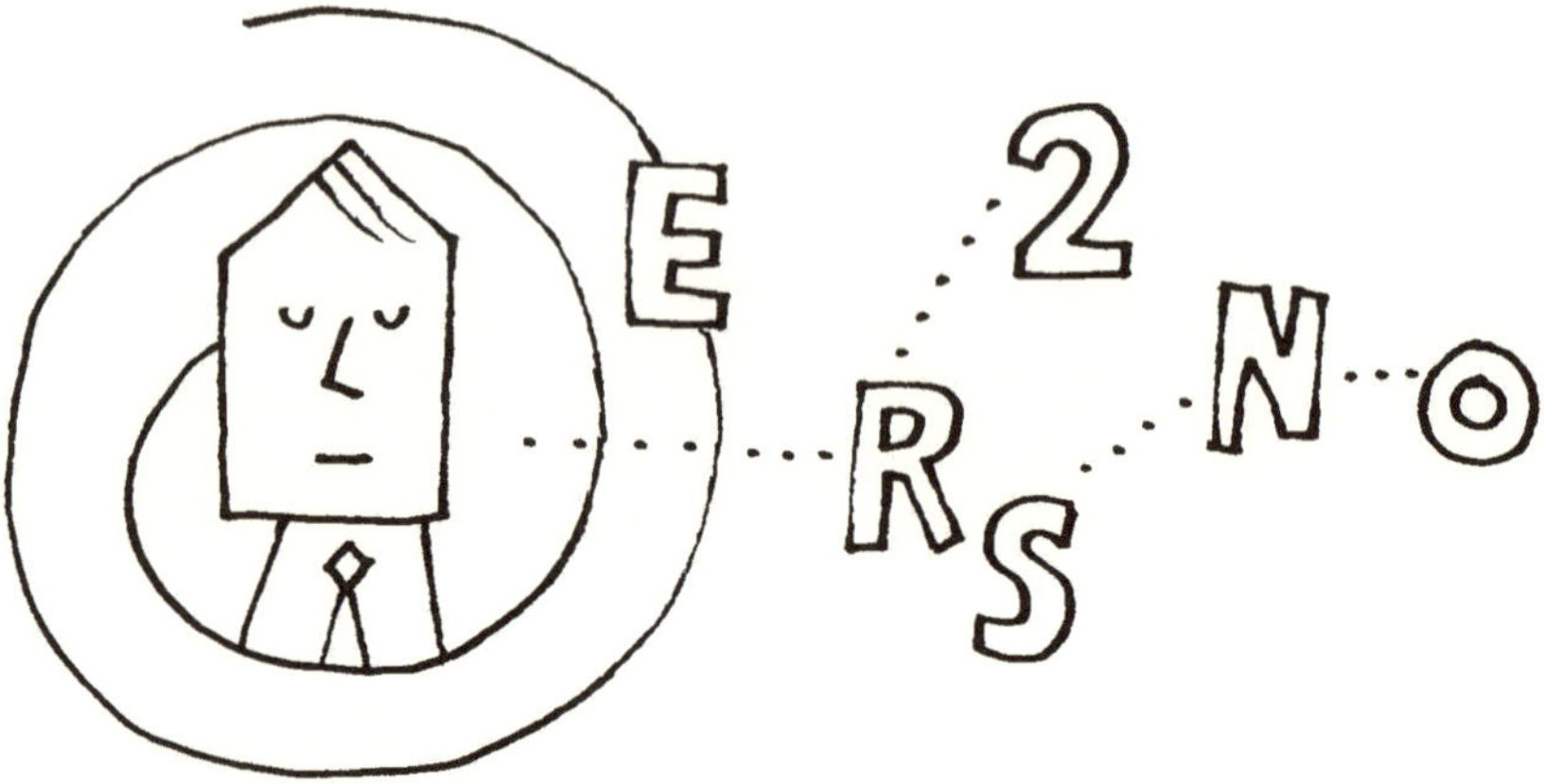

るものです。

しかしこの例では、「頑張っているのにできていない」というのが現実的な結果です。つまり、今の忙しさの中でいくら頑張ってもこれ以上の結果は出ない、というのが当面の現実なのでしょう。

まずはその現実を受け入れるところからすべてが始まります。

そして、「キャリアアップして豊かな生活を手に入れたい」という目標と、現在の行動が合っていないということに目を向ければ、「**今の忙しさの中、上を求めると、ますます忙しくなるし、**

だめな自分に焦ってしまうから、状況が変わるまで勉強はやめておこう」というのも一つの選択肢になるでしょう。

あるいは、行動は変えずに、見方を変えるということもできます。キャリアアップも、「忙しさのメガネ」で見てしまうと、「あれもやらなければ、これもやらなければ」「あれも終わっていない、これも終わっていない」になってしまいます。

しかし、「**『コツコツ取り組むこと』に価値を見い出して生きていこう**」と思えれば、やはりこれも「できていない」ではなく「今日はこれだけできた」「今日は時間がなくてできなかったけれども、また時間があるときにやってみよう」と見ることができるはずです。

すると、「コツコツ取り組む」という目標と、実際の行動が、きちんと合致しますので、満足感を得ることができます。

このように、目標をどこに置くかによって、現実の見え方も全く違ってくるのです。なお、キャリアアップ云々とは別に、本当に勉強をしたい、という方は第6章が参考になると思います。

6 あなたは「マルチタスク型」？「一点集中型」？

例 あれもこれも同時にこなす同僚

同僚で、仕事も順調、英会話もやって、旅行も行くし、ジムも通って、知り合いも多くて、趣味もいくつかあって、という人がいる。仕事している時間は自分と同じ。なのになぜ、あんなにあれもこれも、できるのか？

この話は単に、その同僚は要領が良くて、見えないどこかで手を抜いている、というだけのことなのかもしれません。あるいは、エネルギーが有り余っているタイプで、常に動いていないと落ち着かないタイプなのかもしれません。

そうであれば、そもそもが違うタイプの人間であって、それぞれに長所と短所があるはずですから、単純に「目に見えてできていること」だけを比較しても仕方ない、ということになるでしょう。

また、もしかしたら、これは、**「マルチタスク型か、一点集中型か」**の違いなのかもしれません。

人間においては、マルチタスクをこなせる人（複数のことを同時にこなせる人）と、そうでない人が歴然と分かれているのです。

生まれ持った「脳の構造」の違い

これは訓練によって変えられるレベルの話ではなく、多くが生まれつきの頭脳の構造に由来します。

頭が良い悪いの話ではありません。マルチタスクをこなせない人が「劣っている」というわけではないのです。そういう人は一つのことにじっくりと取り組み、また次の課題に移っていけばよいだけです。

唯一必要なのは「自分はマルチタスクが苦手」という自覚のみ。それがないと、「どうして自分はこんなにできないのだろう」と自己否定することになってしまいます。周りの人にも、自分には複数の課題を同時にやりくりするような仕事を与えないほうが安全で効率的だということを理解してもらいましょう。

一点集中型の人が、マルチタスクを求めてしまうと、「忙しい病」になるのは当然の結果です。同時にこなしていくことができないのに、「あれもやらなければ、これもやらなければ」「あれも終わっていない、これも終わっていない」という思いが先走ってしまうからです。

そして、一点集中型の人が「あれもやらなければ、これもやらなければ」「あれも終わっていない、これも終わっていない」という意識にとらわれてしまうと、その「一点」に集中してしまうことになりますから、現実的には何一つできない、ということにもなりかねません。

自分がどちらのタイプなのかを見極め、一点集中型だと思えば、マルチタスク型の人と同じようにやることは諦めましょう。

自分の特性をとことん活かそう

一点集中型の長所は、一つのことに傾ける、そのエネルギーにあります。自分に合った形で、じっくりと一つ一つのことに取り組んでいけばよいでしょう。職業を選択する上でも役に立つと思います。

このように、自分の特徴を知っていくことは、「忙しい病」対策になります。自分とは全く違うタイプの人と同じようにできなければ、と自分を追い込んで、「あれもやらなければ、これもやらなければ」「あれも終わっていない、これも終わっていない」という状態になっている人は案外多いものだからです。

自分は人間のタイプが違うのであって、そこに優劣はないのだ、ということを肝に銘じておけば、自己否定することなく自分の人生を着実に歩んでいくことができるでしょう。

7

「自分の領域」のこと以外は引き受けない

例 **部下や上司が不安で帰れない**

職場で、常に部下を見張っていないと心配。そして上司が帰るまで帰れない。結局、自分の時間が奪われてしまう。

これは職場の性質にもよるのですが、もしも「本当は帰ることができる職場」なのであれば、「忙しい病」の症状と言うことができるでしょう。なぜかと言うと、そこに満ちているのは、不安の感情だからです。

部下を見張っていないと心配、というのは、まさに「**見張っていないと部下が**

ちゃんとやるかどうかわからない」という不安。また、上司が帰るまでは帰れない、というのは、「**上司が帰らないうちに帰ってしまうと、上司にどう思われるか**」という不安です。

上司がいるうちに帰ることが本当に禁止されている職場なのであれば、上司に関しては仕方ないでしょう。しかし、実はそうでもないという職場も、結構あります。

相手の問題まで抱え込まない

ここで頭に入れておきたいのが、それは「**誰の領域**」**の問題なのか、**ということ。見張られていなくてもちゃんと働くかどうか、というのは、もっぱら「部下の領域」の話です。

自分がその部下の立場に立ったとして考えてみるとわかると思います。自分がちゃんと仕事をするかどうかは、自分の性格、価値観、その日の体調など、もっぱら「自分の領域」の中の話であるはずで、どれほどしっかり見張られているかの問題ではないと思います。

逆に、見張られているからやる、という癖がついてしまうと、それこそ見張っていないと手を抜く部下になってしまうでしょう。

先に帰ったところ部下がちゃんと仕事をしていないことがわかったら、改善の提案や話し合いをすればよいだけの話。**部下が「自分の領域」の問題として認識してやる気を出すように指導すればよい**のです。

上司についても、自分よりも先に帰ることを明確に禁止しているのでなければ、「今日は○○があるのでお先に失礼してもよいでしょうか」と断って帰ることができます。理解のある、あるいは合理的な上司であれば、「もちろんどうぞ」と言うでしょう。実際に帰っては困る理由があるのであれば、それをきちんと伝えてくれるはずです。

人によってはちょっと不愉快になるということもあるかもしれません。しかし、「ちょっと不愉快になる」というのは「上司の領域」の中の話。

人は変化には何であれストレスを感じるということを75ページで見ましたね。

言葉では「どうぞ」と言いながら嫌そうな顔をしている程度であれば、「**上司は予想外のことが起こって不愉快に感じているのだな**」**ととらえればよい**でしょう。それを「自分の領域」の話として引き受ける必要はないのです。

もちろん、上司をないがしろにしているわけではない、ということは、日頃の仕事ぶりや上司に対する態度などで示していけばよいと思います。「部下が先に帰ると機嫌が悪くなる」と上司についての悪口を言いふらすなどは論外です。上司として尊重されて初めて、寛大になれる、という人もいるからです。

日頃から上司への敬意を誠実に見せておけば、「先に帰る」という変化にも上司は慣れやすいと思います。

気にしても不安が増すばかり

ここで「誰の領域」の問題か、という見方をしてきたことには理由があります。

人は、「自分の領域」のことしか本当の意味で知ることができないし、「自分の領域」のことにしか責任を持てないからです。

自分が「先に帰る」という同じ行動をとっても、相手によって、その結果は様々です。何の影響もなくきちんと仕事をする部下もいるでしょうし、これ幸いとサボる部下もいるでしょう。もしかしたら、先に帰ったほうがのびのびと良い仕事をする部下がいるかもしれません。

それほど多様であるということは、それが「自分の領域」ではなく「部下の領域」の話だからです。上司についても同じです。部下が自分よりも先に帰るということをどう感じるかは、「上司の領域」の話。上司によって、その反応は様々でしょう。

このように、もっぱら相手の特徴によるもので、**本当のところ相手にしかわからない「相手の領域」のことに基づいて行動しようとすると、「忙しい病」を悪化させていく**ことになります。

「もしも○○したらどうしよう」という不安が「忙しさのメガネ」の色を濃くする、ということはここまでにも見てきましたが、他人にしかわからない「他人の領域」に属する問題について、あれこれ不安に思うことも、まさに「忙しさのメガネ」の色を濃くしてしまうのです。

そして、実際に職場にとどまる時間が長くなって物理的に自分の時間が減ってしまいますし、「やらされている感」も手伝って、「忙しい病」が悪化するでしょう。

困らない対策を講じておく

自分がいないと怠けてしまう部下なのであれば、課題を細かく出して、その日のうちに仕上げるように指示して帰る、というのも一つのやり方ですし、職場に自分がいなくても連絡がとれるようにしておくのもよいでしょう。

上司の場合、どうしても職場にいることを求めるタイプであると先に帰ることは難しいでしょうが、その時間を主体的に使うことは可能です。

できるだけ仕事をしておいて上司が早く帰る日に必ず帰れるようにする、自分がいなくても部下が働くための手法を考える、あるいは単に隙間時間としてリラックスする(上司の目もあるでしょうから、場合によっては頭の中だけ)、など、メリハリを意識すれば、いろいろな使い方ができるはずです。

8

上手に断ることを覚えよう

ノーが言えないから、忙しくなる

「忙しい病」を治していくためには、メリハリをつけること、ということを見てきましたが、メリハリをつけるためには、優先順位の低いものを断っていくことが必要です。ノーが言えないために「忙しい病」を抱え込んでいる人は決して少なくないのです。

断られる、というのは、相手にとっては拒絶される体験ともなり得ます。ですから、人間関係を損ねないように、「上手な断り方」をする必要があります。

「きっぱりノーが言える」というのはなぜか最近「できる人」になるための要

件のようにもてはやされていますが、ノーが言えないのは人間としてある程度当然のことですね。わざわざ相手に嫌な思いをさせたくない、できるだけ波風を立てたくない、というのは、多くの人に共通した心理だと思います。

また、断られた側はもちろん望みが叶わなかったわけですから、何かしら傷つくわけです（断ってくれたらいいな、と思いつつ儀礼的に誘っている場合は別でしょうが）。

あくまで「自分側の事情」として断ろう

上手な断り方として断然お勧めなのは、完全に自分側の事情にすることです。「風邪を引いた」「仕事が終わらない」など、自分側の余裕のなさをアピールするのはとても良いやり方です。そして、「できればやりたいのだけれど」「本当にごめんなさい」と、本当は相手の役に立ちたいのだということも追加すれば、相手を尊重することになります。

ポイントは、「相手の依頼が不適切」という言い方をしない、ということです。

「こんなに忙しい時期に言われても…」「この前やったばかりなのに…」などと、相手の依頼について何であれ評価を下さない、ということなのです。ただでさえ自分が期待したことが却下されるだけでも不快なのに、その期待が不適切だったからだ、と言われたら、追い打ちをかけることになってしまいます。

場合によってはウソも方便

なお、「風邪を引いた」「仕事が終わらない」などと言うことについて、「嘘をつくのは嫌だ。風邪なんて引いていない。自分はただ本当にやりたくないのだ」と思う人もいると思います。

でも、なぜ本当にやりたくないのか、と考えてみれば、おそらくその理由は「自分の時間を大切にしたいから」になるのではないかと思います。優先度の低い用事で時間を潰すのではなく、自分の時間を大切にしたい、という考え方は、「忙しい病」対策としてとてもすばらしいことです。

しかし、人間関係という文脈で考えれば、依頼されているのに「自分の時間を大切にしたい」という断り方をすると、とても拒絶的になってしまいますね。まるで相手の期待に沿うことが時間の浪費みたいに聞こえるからです。

ですから、ここは「嘘をつく」のではなく、「相手への思いやり」として、「風邪を引いた」「仕事が終わらない」など、誰もが納得するような、無難な理由を言ったほうがはるかに妥当だと考えられます。

「嘘をつきたくない」というのは「自分」の希望なのですが、「相手」を視野に入れてみれば、**相手がどういうメッセージを受け取るか**、ということも考えることができると思います。

そして、拒絶的なメッセージを受け取った人が時として攻撃的になるということを考えれば、結果としては自分を守ることにもつながるのです。

ある程度割り切ることも大切

もちろんそれほど気を遣っても、相手の立場に立って考えれば、予定通りにいかなかったわけですから、何かしらの不快は感じられるものでしょう。

それは「**仕方のないこと**」と割り切らないと、いつまでも断れない人になってしまいます。

そして、その程度の「仕方のなさ」は、多くの人が普通に乗り越えていくもの。75ページでお話ししたように、人は何であれ変化にストレスを感じるものです。依頼を受けてくれると思っていたのに断られた、というのは間違いなく軌道修正を必要とする「変化」です。

もちろん、物事が予定通りにいかなかったときに感じる不快感の強さ、そしてそれを乗り越えるまでに必要とする時間の長さには、かなりの個人差があります。ですから、ただそれを尊重していけばよいでしょう。断ったら嫌な顔をされた、というところにこだわるのは意味がないのです。

「断られたから、変化に適応しようとして頑張っているんだな」と思えば、「自分が嫌な顔をされた」というところで傷つくよりも、相手に対して優しい気持ちになることができるでしょう。

第5章

「忙しい病」を予防する生活習慣とは？

たったこれだけで毎日が変わる

1

「忙しい病」を予防するには?

一種の生活習慣病だと考えてみる

ここまで、「忙しい病」を治していくための考え方を整理してきました。本章では、「忙しい病」を予防するため、あるいはこれ以上悪化させずに少しずつ良くしていくための工夫について見ていきます。

その鍵は、日常生活にあります。どういう姿勢で日々暮らしていくか、ということが、とても大きな意味を持つのです。

そういう意味では、「忙しい病」も一種の「生活習慣病」と言えるでしょう。もちろん医療現場で診断されるような「生活習慣病」ではありません。**場合に**

よっては、自分の生活習慣が、それほど人生の質を損ねる、という意味です。

そして、実際に、うつ病など、医学的な心身の病気を招く場合もあると思います。長い間、「忙しさのメガネ」を通して物事を見ていたら、自分にどんどんストレスを加えていくことになりますから、ストレス下で起こるような病気にもなり得るでしょう。

どのような生活習慣を持てば、「忙しい病」にならずにすむのか、あるいは重症化する前に回復の軌道に乗れるのか、見ていきましょう。

食事や服装、身近なところから対策を

例

残業&休日出勤で、服もちょっとヨレヨレだし、美容院もしばらく行っていない。不健康。食事も外食かコンビニでマズイものばっかり。人と会ったり、出かけるのがさらに億劫に…。

これはすでに「忙しい病」になっている例ですが、生活習慣と「忙しい病」と

の関係を如実に表しているものだと言えます。

実は、脱・「忙しい病」のポイントの一つが、**「忙しそうな外見にしない」**ということです。これは、身なりから、態度から、食事や運動の習慣まで、すべてに及びます。この例の方も、すべてが「忙しそうな外見」ですね。「余裕がなさそうな外見」と言い換えても結構です。

もちろん「忙しい病」は心的な問題です。常に「あれもやらなければ、これもやらなければ」「あれも終わっていない、これも終わっていない」という感覚に追われている状態が「忙しい病」なのですが、内面は外見に表れると同時に、外見が内面に影響を与えるということもあります。

ですから、まずは外見から「忙しくなさそうにする」というのも、一つの有効な方法なのです。

2 まずは「忙しそうな外見」をやめる

忙しそうにするから忙しくなる

外見を重視する、と言うと、「見栄っ張り」のように思われるかもしれませんが、そうでもありません。忙しいときに、「ああ忙しい！」と髪を振り乱すタイプの人と、本当は忙しいはずなのだけれども余裕がありそうな雰囲気を醸し出している人がいますね。後者は、周りに与える印象が「余裕がありそう」というふうになるだけでなく、実際に本人が余裕を感じていることも多いものです。

なぜかと言うと、**人は、周りに振りまいている雰囲気そのものを、自分も受け取るようになっているから**です。ボサボサの髪を振り乱して「ああ忙しい！」とやっている人は、自分自身もその雰囲気を受け取り、ますます「忙しい感」が増して、「忙しさのメガネ」の色を濃くしてしまいます。

一方、忙しいはずなのに忙しく見えない人は、自分でもそのゆとりのある雰囲気を受け取ります。ですから少しリラックスして「忙しさのメガネ」の色を薄くすることができるのです。

少なくとも人前では余裕ある言動を

実は、「**どんなに忙しいときも、忙しく見えないようにする**」ということを決めると、ただただ「あれもやらなければ、これもやらなければ」「あれも終わっていない、これも終わっていない」に埋没していくのを食い止めることができます。

そして、とりあえず余裕のある態度をとることによって一息つくと、それがメリハリになります。メリハリをつけることで自分を取り戻した気持ちになれれば、リフレッシュして、次の「今」に集中できるのです。

そもそも、自分がどれほど忙しくても、人と接するときにまでその雰囲気を持ち込む必要はありませんね。いつも忙しそうにしていると、対人関係の質すら損ねかねません。なぜかと言うと、「忙しい病」のエネルギーである不安を、相手にも押しつけることになってしまうからです。

「**いつも忙しがっている人と会うとなんだか疲れる**」という感覚は、そこからくるのだと思います。あるいは、忙しそうな人は、「この大事なときに…」とか、「こんなに忙しいのに…」などと相手に苛立ちをぶつけることもあります。そんなことを繰り返していたら、本当に相手から疎まれてしまいますね。

「いつも追い立てられていないと間に合わない」という思い込みそのものに立ち向かうのは難しくても、少なくとも人目があるときには余裕のある姿を見せよう、と決めると、「忙しい病」から脱出するきっかけを作ることができます。そしてだんだんと、人目がないときにも、余裕を大切にできるようになってくるでしょう。

髪型、服装。身ぎれいにするのも効果的

また、忙しいときの美容院などは、物理的に考えれば「時間の無駄」なのです

が、美容院に行った結果として自分がある程度満足できるような「きちんと感」のある外見になれれば、それは態度全般に及ぶでしょう。もちろん、これは、「べき」に基づく話ではありません。

例えば、同じく「外見をきちんとする」ということでも、「流行に乗っているべき」「人から見たときに常にこぎれいにしておくべき」という「べき」に基づいて行うのではなく、「**外見はきちんとしておきたい**」という美意識による「したい」に基づいて行えば、鏡に映った自分の満足度も上がるでしょうし、「忙しい病」のリセット効果があります。

きれいになったことをきっかけに、リフレッシュして、「やらされている感」が減るのであれば、「忙しさのメガネ」の色が薄くなります。もちろん、周りに与える雰囲気も、「きちんとしている」「余裕がある」ということになるでしょう。

ただただ「あれもやらなければ、これもやらなければ」「あれも終わっていない、これも終わっていない」という思考に追い回されるのではなく、ちょっと落ち着いて自分の手入れをするだけでも、価値があるのです。

3

自分の心身に手をかけよう

食事は意外と大事なポイント

その他、身体に良いものを食べるとか、身体を動かすなど、どれほど忙しくても、自分に与えられた心身を丁寧に扱う時間だけは確保する、という考え方は、脱・「忙しい病」効果があります。

食事も、作るだけの時間的余裕がなくて、外食やテイクアウト食になってしまうのであっても、意識して「ワンランク上のもの」を食べる日を設けてみるのもよいでしょう。**自分はこのくらいの扱いに値する、**と感じることも大切です。

実はこれらのことも、メリハリをつけるということ。「忙しい病」がひどくなると仕事をしながらコンビニ食を食べるだけ、というふうにもなってしまいますが、「食事の時間」を「区切って」豊かに楽しむだけでも、「あれもやらなければ、これもやらなければ」「あれも終わっていない、これも終わっていない」が止まります。その時間だけは「おいしい」という感覚に集中するのです。

もちろん、食べながら仕事をしなければならないほど、本当に忙しいときもあるでしょう。それはそれで仕方がないのですが、それを日常化させないことがとても重要なポイントです。

ここでも大切なのはメリハリ。仕事をしながら食べることが日常化してしまうと、「忙しい病」を悪化させるリスクが高いのです。ですから、よほど忙しいときの例外と位置づけておいたほうが安全です。

一生のうち、あと何回食べられる?

食事の価値を考える際に役立つのは、自分はあと何年生きられるだろうかと考えてみること。そのおおよその年数がわかれば、一生のうちにあと何食食べられるだろうかということも自ずと決まってくるもの。そのうちの貴重な一食を「マズイもの」で適当にすませるのはもったいないことです。

こんなふうに、自分の人生を「限りあるもの」と考えれば、「忙しい病」に振り回されて終わることの虚しさを実感できると思います。

「忙しい病」は、「食べ物なんかに手をかけている場合ではない」と言ってきますが、おいしいものを食べるのは、楽しみであると同時に、自分に対する重要な投資です。「忙しい病」にそこまで人生を乗っ取られる必要はないのです。

体調が気になるときは病院へ

例

仕事が忙しくて、歯医者や医者に行けない。そういえば最近肺が痛い。もしも手遅れになったら会社のせいかも、などとイラついてしまうときがある。


「忙しい病」は自分を粗末にする姿勢、ということはこんなところにも表れます。

もちろん、誰のせいであろうと命は大切です。ですから、本当に健康に懸念があるのであれば、それは優先順位としては最高レベルになるはずです。

例では「イラついてしまう」とありますが、実はイライラは、被害者意識を表す感情です。「忙しい病」のために自分を粗末にするということは、自分が被害者になるということ。ですから、「会社のせい」という被害者意識も育っていくのです。

そして、**イライラを感じたときこそ、主体性を取り戻すべきとき**。「最近肺が痛い」ということを話して病院を受診する時間を確保するのは、当然必要なことです。

本当にそれが許可されない職場なのであれば、職場について真剣に考えたほうがよいと思いますが、多くの人が、それほどひどい職場に勤めているわけでなくても、なかなか自分の健康を優先することを言えないのが現状です。

「忙しさのメガネ」で見てしまうと、「こんなに忙しいのに、自分の健康のことなど言っている場合ではない」「みんなが忙しいときに自分の健康のことなど言ってもわがままだと思われるだけ」と考えてしまうからでしょう。

しかし、こんなところでも、人生を大きくとらえてメリハリをつける、と考えれば、「忙しさのメガネ」の影響から逃れることが可能となります。

4

自分の中の「余裕」と「秩序」を大切に

脱・「忙しい病」に効く習慣とは？

毎日の習慣というのは、案外大切なものです。その習慣が、生活のリズムを作り、心身の健康を支えていきます。

「あれもやらなければ、これもやらなければ」「あれも終わっていない、これも終わっていない」ということだけで頭がいっぱいになってしまうと、「**日々の習慣などやっている場合ではない**」と、毎日の習慣をすべてなぎ倒してしまう、などということにもなりかねません。

ですから、良い習慣を持って、それを維持する、ということに意識を向けてお

けば、生活全部が無用の不安や焦りに乗っ取られるのを防ぎ、生活を立て直すことができます。それには、一日のポイントとなるところに、脱・「忙しい病」効果のある習慣をいくつか作っておくととても役立ちます。

たとえば朝の10分で心を整える

特にお勧めなのは、一日を静かな心で始める習慣です。できれば朝10分早起きして、瞑想的な時間を持ってみるととても効果があります。

「あれもやらなければ、これもやらなければ」「あれも終わっていない、これも終わっていない」という頭で一日を始めると、起きるやいなや、直ちに「やるべきこと」に取りかからなければ、という前のめりの姿勢になってしまいます。

しかし、一日の始め方はその日のペースを決めるもの。10分でよいので、「やるべきこと」とは全く無関係な静かな時間を持ってみると、その一日が不安や焦りに乗っ取られるのをかなりの程度防止することができます。

また、日中も、「食事の時間だけはすべてを忘れて優雅に食べる」「必ず身体を動かす時間を作る。その間は頭をできるだけ空っぽにする」「自分の趣味のために使う時間を必ず作る」など、**「忙しい病」をリセットするポイントとなる習慣をいくつか作っておく**とよいでしょう。

とてもそんな長い時間はとれない、と思う方は、まずは「午後にお茶を飲む時間を作り、その時間だけは完全にリラックスする」くらいから始めてもよいと思います。

「区切られた時間」をとことん満喫

なお、ここで言う「習慣」とは、あくまでも「忙しい病」をリセットする効果があるもの、つまり、自分の心を穏やかにし、頭を鎮める類の習慣です。

例えば「新聞を読む」という習慣でも、ガツガツと、「世事を知っておかなければ職場の会話についていけない」という気持ちで読むのであればそれは「べき」に基づく行動となり、「忙しい病」を悪化させるだけでしょう。

一方、「新聞を読む」という習慣を、他の生活とは「区切られた時間」として、興味に任せてじっくり読む、というふうにすれば、それは「忙しい病」をリセットする効果がある、ということになります。

なお、一息ついてしまったらモチベーションを維持できなくなってしまうのではないか、と不安に思う方もおられると思います。そういう方は、第2章をもう一度振り返ってみてください。

実際は、一息つくことによって集中力はかなり回復してくるものですし、それでも回復しないときは、そこに不安か疲れがある、と言ってよいでしょう。

5

「雑」にしない

どれも中途半端だと不安になる

毎日のどこかで行うとよい「ポイントとしての習慣」だけでなく、生活態度も「忙しい病」予防のために役立ちます。

忙しいと、どうしてもやることが雑になります。デスクは雑然、仕事も人づき合いも雑、身なりも雑、という具合になるでしょう。すると、この「雑」さが、「忙しい病」を悪化させるのです。

なぜかと言うと、「**雑**」**から達成感を得ることは難しい**からです。何をやっても中途半端な感じで、ますます「あれもやらなければ、これもやらなければ」「あれも終わっていない、これも終わっていない」という感覚を刺激してしまいかねないのです。反対に、丁寧に何かに取り組むと、達成感も得られますし、きちんとできる自分について良い感じを持つことができ、余裕につながります。

忙しいときこそ敢えてきちんと

比較的わかりやすい例が、「**使ったものを元に戻す**」ということでしょう。これはよく時間管理術などで言われることですが、「雑」にしない、という観点からも見ることができます。

使ったものを出しっ放しにすると次に使うとき探すのに時間がかかるというのも事実ですが、同時に、出しっ放し、散らかしっ放しの状況を見ると、その「雑」さから、「あれもやらなければ、これもやらなければ」「あれも終わっていない、これも終わっていない」という感覚が強まるのです。

そして、次に使おうとしたときに見つからない、となると、ますます「忙しい病」は悪化します。

もちろん、「雑」も完璧主義的に見る必要はなく、メリハリをつけることが重要です。

というのも、生活全部が「雑」になることは「忙しい病」を悪化させますが、メリハリをつけること（つまり一部は敢えて「雑」にすること）は「忙しい病」改善の効果があるからです。

ですから、ポイントを押さえてきちんとすることが、「忙しい病」をリセットする良い習慣になると言えるでしょう。

6 やると決めたのに挫折しそうなとき

たった数分ですむのにできない!?

良い習慣を作っておくと、**自分がどの程度「忙しい病」**悪化のリスクにさらされているかの**指標**にもなります。

例

忙しくて、また観葉植物を枯らしてしまった。水やりしている暇がない。

「水やり」は、その気になれば数分で終わること。数分すら確保できない生活は、よほどの緊急事態以外、滅多に存在しないでしょう。

なぜ観葉植物を育てているのか、と考えれば、それはやはり生活環境に緑がほしい、ゆとりがほしい、という気持ちからでしょう。

植物に水やりをする、というのは、「良い習慣」にすることができます。水やりの時間だけは、忙しさではなく植物に意識を向けることができるからです。

そして、このような数分で終わる習慣が抜けてしまうときは、自分がかなり「あれもやらなければ、これもやらなければ」「あれも終わっていない、これも終わっていない」に取り込まれているとき、と考えることができます。

ですから、ここできちんとリセットしておかないと、ますます「忙しい病」が悪化する、ということになるのです。

気づいたらすぐにその場でやる

自分が水やりできていない、ということに気づいたら、まずは深呼吸をして、敢えて水やりの時間をとり、その時間だけは観葉植物に集中するようにすると、そこで、「あれもやらなければ、これもやらなければ」「あれも終わっていない、これも終わっていない」にある程度ブレーキがかかるはずです。

なお、たかだか数分しか要さない水やりなのになぜ「水やりしている暇がない」と感じるのかというと、それは「忙しさのメガネ」を通して水やりを見ているから、と言えます。ほんのちょっとの水やりだけでなく、他のやり終えてないことまで同時に見ているので、「とてもそんな暇はない！」と感じてしまうのです。

ですから、「水やりしている暇がない」という感じ方は、やはり「忙しい病」を表すもの、と言ってよいと思います。

7 自分の限界は低めに設定する

不安や焦りをシャットアウト

ここまでに、人間は限界のある生物だということをお話ししてきました。「自分には限界がある」という現実を受け入れないことと「忙しい病」との関連についても見てきました。

これを応用すれば、「自分の限界を低めに設定しておく」というやり方によって、「忙しい病」を予防することができます。

自分の限界を認めないと、常に「**自分はもっとできるはずなのに**」という間違った思い込みを前提に考えますから、「あれもやらなければ、これもやらなければ」「あれも終わっていない、これも終わっていない」に陥ってしまいます。

逆に、自分の限界を低めに設定しておくと、多くの目標を達成できますので、達成感を持つことができます。そして、生活の中に余裕すら感じることができるはずです。

また、その余裕の中で、プラスアルファの仕事をすることもできるでしょう。限界を高めに設定して「あれもやらなければ、これもやらなければ」「あれも終わっていない、これも終わっていない」という不毛な思考に陥ってしまっているときよりも、結果としては、より多くの成果を上げられる可能性もあります。

これは当然のことで、不毛な思考にエネルギーをとられ、集中を妨げられているときよりも、余裕を感じながら、達成感の中、何かに取り組むときのほうが、「今」に集中しやすいからです。

ですから、**「ギリギリ頑張ればこのくらいできそう」と思うレベルよりも、少し低めくらいに限界を設定する、**というのはとてもよいやり方です。結果として「ギリギリ頑張れば」と思ったレベルよりも高い成果が得られるかもしれません。

特に設定を低くしたほうがよいとき

なお、人生のステージによっては、普段よりもさらに限界を低く設定したほうがよい場合があります。

例えば、初めての子どもが産まれたとき。あるいは、小さな子どもの育児と仕事との両立、介護と仕事の両立、などというとき。こんなときには、「**とにかく毎日生き延びる**」というところに限界を設定したほうがよいでしょう。それ以外の課題は一切自分に求めないのです。

スキルアップなどは考えず、ただ生き延びているだけで「**自分は今すべきことを全部やっている**」と自分を満足させることが必要な時期です。

そして、もしも空き時間を持つことができたら、それは必ず「忙しい病」をリセットすることに使うようにする、と決めておくとよいと思います。

空き時間を「忙しさのメガネ」で見てしまうと、「あれもやらなければ、これもやらなければ」「あれも終わっていない、これも終わっていない」が始まってしまいます。特に、育児や介護と仕事の両立をしているときには、仕事について常に「十分にできていない感」を持っているので、どうしても、そういう感じ方になりがちですから注意が必要です。

もちろん、空き時間に仕事関連のことをやってはいけないということではありません。でもそれは、育児や介護で疲弊した頭のバランスをとるため、など、何であれリフレッシュ効果を期待して行うようにするとよいと思います。

そうすれば、思ったように進まなくても、「**育児や介護以外の、自分の時間を持つことができた**」という満足を感じられると思います。

8 モヤモヤして何も手につかないとき

「誰のせい？」「許せない！」という憤り

例　悩んでいる時間が多い。うちひしがれている時間が多い。迷っている時間が多い。そのせいか、何もしていないのに、いつも時間に余裕がない。

例　仕事の失敗を、「私のせい？　いや、上司の指示が悪い」とか、いじましく考えているうちに時間が経つ。今日も「先輩の○○さんのあの態度は許せない」などと蒸し返して考えたりしているうちに、何もせずに退社時間になってしまった。

先輩○○さんの態度に嫌な思いをしたのなら、「被害」はそれだけで十分でしょう。
その後の時間もずっとそのことを考え続けると、被害がどんどん拡大してしまいます。
好きでもない○○さんのために自分の人生がそこまで損なわれるのはもったいないことですね。

「ひどい目に遭った自分」を放置しない

一般に、「蒸し返して考えてしまう」というときには、本当のところ、自分が悪いのか相手が悪いのかの攻防に心が入ってしまっているときだと言えます。

つまり、「**自分が悪いのかもしれない**」という可能性を打ち消そうと必死になっているときなのです。

しかし、仕事が失敗したり、先輩に嫌な態度をとられたりした、ということは、何であれ、自分が「**ひどい目に遭った**」ということ。それが誰のせいであろうと、自分がひどい目に遭ったことは事実なのですから、「自分をいたわる姿勢」が必要です。

そう開き直ると、実は立ち直りが早くなります。なかなか立ち直れずにいつまでもグズグズ考えているようなときには、実は「誰のせいか」というところにはまり込んでしまっていて、自分がひどい目に遭ったということを認めていたわっていないときなのです。

9

それは「忙しい病」対策として、本当に有効？

究極の手帳術でもラクにならない!?

例

手帳をいくら活用しても、毎日が充実しないし、忙しい。手帳で整理したからといってすべてをやり終えるわけでもない。あまりやる気がしない、手帳に書くまでもないこと（クリーニングの受け取り、切れていたシャンプーを買うなど）に手間取って、いつもスッキリしない。

「忙しい病」のときに、くだらないことで時間を潰してしまう、ということを22ページでお話ししましたが、ここで手帳との間に起こっていることも同様のことと言えます。

昨今は「手帳術」がはやっているため、手帳術が上達すると効率的に動けるようになり忙しさが減る、と思っている人も多いかもしれませんが、この例を見ると、手帳はうまく活用されていないどころか、手帳を書いただけで満足してしまい、実行を伴っていないようです。まるで手帳の中で生きているかのようですね。

そもそも「し忘れ」を防ぐためのもの

もちろん、手帳も「忙しい病」対策として活用することができます。

何と言っても、一番の価値は備忘録です。実は、案外「忙しい感」を作り出すのが、**「何かをし忘れているのではないか」**という感覚です。普段からそれを気にしている人もいますし、何かを実際に忘れたときに衝撃を受けてしまってそれからずっと「何かを忘れているのではないか」ということが気になっている、という人もいると思います。その「し忘れ」を防ぐ力を発揮するのが手帳です。

何でもかんでも自分で覚えておこうとすると、完璧でない頭は、必ず何らかの

「漏れ」を出しますし、一度でも重大な「漏れ」があると、衝撃を受けてしまって、それからずっと「何かを忘れているのではないか」と思うようになり、結局は「あれもやらなければ、これもやらなければ」「あれも終わっていない、これも終わっていない」という頭になってしまうのです。

ですから、ここで「**手帳に書くまでもないこと**」と言っていることこそ、**本来は手帳に書くべきこと**なのです。

「自分をいたわる時間」も組み込もう

また、脱・「忙しい病」のための手帳の活用法は、「自分をいたわる時間」をきちんとスケジュールに入れることです。

というのも、「**仕事をして、時間が余ったら自分のための時間にしよう**」と**いう考え方は往々にしてうまくいかない**ものだからです。「忙しさのメガネ」で生活を見ている限り、「時間が余ったら」などという日は来ないのです。

ですから、「自分をいたわる時間」は率先してスケジュールに組み込んだほう

がよいでしょう。そして、他のアポイントメントと同様に、大切に扱ってください。

多くの人が、「忙しい感」に追われると、まず「自分をいたわる時間」から犠牲にしていくと思います。

しかし、それこそは、誰よりも自分を粗末にする態度であり、自分の限界を無視した態度です。

他の人が関わっている話であれば、相手の存在によってその時間が確保されますが、「自分をいたわる時間」だけは、自分がしっかりと意識しない限り確保することができないのです。

10 現実に合った「形」を実行しよう

大事なのに後回しになってしまう

例

忙しいので、実家にしばらく帰っていない。父が亡くなり母が田舎で一人で暮らしている。ほったらかしで、何となく申し訳ない。でも、そうは言っても、仕事のことや自分の生活のことなど考えると、母のことはいつも後回しになってしまう。でも、ときどき思い出して何もできない自分にイライラする。

このように、**本当はやりたいのにできていない**、ということがあると、それが頭によみがえるたびにイライラする、ということが起こってきます。

もちろん少々の無理をすれば帰れる、というのであれば、帰るのが一番でしょう。

しかし、現実的にそれができないほど忙しいのであれば、ここでも必要なのは、**「現実の受け入れ」**ということになります。

自分にできるやり方でやればいい

まず、「今の自分の生活では、頻繁に実家に帰ることはできない」という現実を受け入れたら、その上で、どうすればお母さんに最も「気にかけている」ということが伝わるかを考えてみましょう。

例えば、頻繁に電話するというのも一つの方法ですし、その他にもいろいろな方法を考えることができるでしょう。「帰省する」という「形」は断念しても、他の形でその趣旨に沿った効果を期待することはできます。

完璧主義的にならずに、「**できるだけ**」という発想を生かすことができるはずです。そして、「**相手に何が伝わっているか**」という視点を持てば、さらにいろいろな方法を考えることができるでしょう。

第6章

やりたいことを「今」始めよう

時間の区切り術で自由自在

1

「この仕事さえ終われば…」からの脱出

本当にやりたいことを始めるには

やりたいことがあるけれども、忙しくてできない、という人もたくさんいると思います。本書の最後に、忙しい日々の中、どうすればやりたいことを実現していけるかを考えてみましょう。

これは、実は、本書でお話ししてきたことを応用すれば可能なことです。ですから、ここでは、おさらいの意味も含めて、まとめていきます。

やらなければならないことに追われていると、

「この仕事さえ終われば時間に余裕ができるから、やりたいことができるはず」

「この仕事さえ終われば精神的に楽になるはず」

と思うことが多いものです。

しかし、実際に「その仕事」が終わって、本当にやりたいことができるようになったり、精神的に楽になったりする人は、ほとんど見たことがありません。

私が今まで出会ってきた多くの人も、「この仕事さえ終われば、今度こそ自分の時間ができるはず」と思いながら人生の大半を生きてきているものです。

「忙しさのメガネ」に惑わされない

46ページで挙げた例もそうでしたが、実際に起こっていることは、一つのことを終えると、すぐに次のことに取りかかり、また次の「この仕事さえ終われば…」にとりつかれる、ということです。

これは「やるべきことが多すぎる」というよりも、常に「やるべきこと」を「忙しさのメガネ」で見ているから、と言ったほうが本質的です。

実は、「この仕事さえ終われば…」という感覚の正体は、「忙しさのメガネさえはずせれば…」なのです。そこで自分を圧迫しているのは、仕事そのものではなく、「あれもやらなければ、これもやらなければ」「あれも終わっていない、これも終わっていない」という感覚です。

本書のあちこちで見てきましたが、ちょっとしたことであれば、物理的な時間を作り出すのはほとんどいつでも可能です（誰だってトイレに行ったりする時間は作りますね）。

しかし、**「忙しさのメガネ」を通して見てしまうと、それが絶望的に不可能であるように思われてしまう**のです。

その感覚を引きずったまま一つの仕事を終えても、結局はまた次の仕事に向かって「あれもやらなければ、これもやらなければ」「あれも終わっていない、これも終わっていない」と思い続ける、ということになります。

それはエンドレスに続くものですから、「この仕事さえ終われば、今度こそ自分の時間ができるはず」と考えている限り、逆に自分の時間はできないのです。

2 今日から「自分のための時間」を区切ろう

最初は5分だけでもOK

それならどうすればよいかと言えば、「**今日、自分の時間を作る**」ことです。最初は５分からでもかまいません。「あれもやらなければ、これもやらなければ」から完全に解放された「自分のための時間」を持つのです。

重要なのはその長さではありません。「完全に」解放されていることが重要なのです。つまり、量より質なのです。

本書では、メリハリをつけるために、時間を「区切る」ことの重要性をお話ししてきました。自分の時間を作る上でもそれは全く同じです。「忙しい病」に支配された他の時間から「区切って」、自分の時間を作るのです。

「区切られた」時間は神聖なもの。決して「あれもやらなければ、これもやらなければ」「あれも終わっていない、これも終わっていない」に汚染されないように、確固たる意志を持ちましょう。

できれば、その時間を、起床後と就寝前に持つと、一日の質が良くなります。**一日を、自分のやりたいことで始め、自分のやりたいことで終えることができる**からです。睡眠の質も良くなるでしょう。

5分からでもそんな時間を持つ習慣を始めると、その時間をどの程度までのばせるかが見えてきます。あるいは、ちょっとした隙間時間を「自分のための時間」として「区切る」こともできるようになってくるでしょう。

内容は何でもよいのです。例えば、ただボーッとする、というのも、瞑想的な効果があるでしょう。頭の中を一度鎮めるのです。もちろんこれは、「あれもやらなければ、これもやらなければ」「あれも終わっていない、これも終わっていない」に圧倒されて思考停止になる、という意味ではありません。

例えば自分の呼吸に意識を向けて、長く細くしてみる、などというのも頭を鎮めるよいやり方でしょう。もちろん何かやりたいことがある人は、その時間をあてることができます。

長期的な習慣づけがカギ

「5分だけでは、とてもやりたいことなどできない！」と思う人も多いでしょう。確かにそれはその通りだと思います。

しかし、「忙しい病」は、多くの人にとって、直ちに治すのが難しいものです。59ページでお話ししたように、「長期的」に見ていく必要があります。そのために必要なのは、少しずつの変化。いきなり大きな変化を起こそうとしても「できるわけがない！」と反発すら感じるものですが、少しずつの変化なら**「できるかもしれない」**という気持ちになることができます。

「やりたいこと」についても、同じ考えを応用することができます。まとまった時間がとれるのを待っていたら、それこそ人生が終わってしまうかもしれません。「エベレストに登頂する」などという夢であれば、確かにまとまった時間が必要になると思いますが、そうでない夢を持っている人も多いはず（そしてエベレストの場合であっても、それについて考えたり調べたりするのは5分からでもスタートできます）。そんな夢は「**今日から叶え始める**」と言うことができます。

その際のキーワードは、「少しずつ」です。少しずつ、まずは自分の時間を「区切る」ところからなのです。

自分のために時間を「区切る」というのは、誰でも考えつきそうなものですが、実際にはうまくいかないことが多いものです。

どんなに忙しくてもゼロにはしない

例

いつか小説を書いてみたいと思いつつ、なかなか実現しない。文章を書くのは好き。でも、仕事が忙しくて、それどころではないと感じる。何度か書き出したけれど、半分くらい書いたところで、仕事が繁忙期に…。放り出してそのうち気持ちが冷めてしまって、書き上げたためしもなければ、どこかの賞に

応募したこともない。

この例のように、仕事が繁忙期になるなどの理由によって、せっかく始めたことが頓挫する、ということは多いと思います。少し余裕があるときには、「やってみようか」という気持ちになっても、忙しくなると放り出してしまうのです。

１７３ページでお話ししましたが、「忙しい病」にとりつかれると、良い習慣をすべてなぎ倒してしまう、という現象はこんな形でも起こってくるのです。そして、習慣が守られなくなったときは要注意、ということもお話ししてきました。

もちろん、忙しいときにも長い時間を確保するのは現実的に無理です。しかし、習慣をゼロにするのではなく、たとえ5分間に簡略化してもよいので、ゼロにはしない、という心持ちでいるのはよい方法です。

ゼロにしてしまうと、「自分はまた挫折した」「どうせできない」という気持ちばかりが強まりますが、５分間だけでも自分の時間が持てれば、**「今は忙しいから時間を短縮しているけれども、継続できている」**ということが達成感につながっていきます。やりたいことに費やす時間は、ゴムのように伸縮させる柔軟性が必要なのです。

重要なのは、継続です。そして、どんなときにも「区切る」という心構えは必要です。**「区切る」ことさえできていれば、それがどれほど短い時間でも、将来の希望へとつながる**のです。

よく、「時間がないというのは言い訳。時間は自分で作るもの」という考え方を述べる人がいますが、物理的に忙しい時期に多くの時間をとることは、限界のある生物としての人間には不可能です。

また、103ページでお話ししたように、人生には、「それだけ」に集中したほうがよい時期があります。どんなときでも「時間は自分で作れる」と頑なに思い込んでいると、自虐的になってしまい、「作れない自分はダメだ」と思うことにもなってしまいます。

それよりも、必要なのは柔軟性です。どんな状況にも柔軟に対応できること、そして「区切る」のを忘れないこと、です。

3 「区切った」時間で完結させる

ハードルを下げて始めてみよう

例

ジャズピアノを習うのが夢。でも、毎週、課題曲をマスターしたり、コードを覚えたり、けっこう面倒くさそうなので、忙しい今はできない。

先ほどもお話ししましたが、新しいことを始めるときのポイントは、そのための時間を「区切る」ことです。

ジャズピアノのレッスンを予約する、というのは、立派な「区切り方」でしょう。しかし、レッスンの時間を確保するだけでも、忙しいときには限界に近いと思います。

そんなときには、「区切った時間内で完結させる」という考え方が役立ちます。ジャズピアノを中心に生きている人（この場合では先生になるでしょう）は、「レッスンのないときも日常的に練習時間を確保することが大切」などと要求してくると思いますが、そんな高いハードルがあっては、いつまでも始めることができません。

自分の忙しさを説明し、「**理想的な形でないのはわかっている。でもとにかく、ジャズピアノを始めたいし、触れている時間を持ちたい**」という熱意を伝え、そして、コードを覚えたりするのもレッスンの時間内だけにさせてほしい、という姿勢で始めてみましょう。

進歩は遅いかもしれませんが、何もしないよりもはるかにましなはずです。

無理なく「あと少し」の努力ができる

実は、このように「最低限」のところから始めてみると、精神的な負担が減り

ますから、ちょっと時間ができたようなときに、プラスアルファの努力ができるようになります。

「今日はちょっと早く帰れたから、コードを復習してみよう」

「明日の朝、家を出る前に3回だけ弾いてみよう」

という具合に、です。

それは、「最低限」が軌道に乗っているからこそできることで、「最低限」すら始めていなければ不可能なことなのです。

4 隙間時間を「忙しさのメガネ」で見ない

今どき有効活用が当たり前？

この頃、スキルアップのために、などという理由で、「時間活用法」がいろいろな形で語られています。

隙間時間にボーッとしていると「負け組」になってしまう。ふと空いた時間や、移動中の時間もしっかり活用することで「勝ち組」になる、という考え方です。

この考え方が浸透してきたことで何が起こっているかというと、「忙しい病」の人が増えているようです。

47ページで、「持続可能性」と「効率性」を考えることが重要、ということをお話ししました。人間は生き物ですから、休息を必要とします。きちんとメリハリをつけて、力を出すべきときは出し、休むべきときは休む、という生き方をしていかないと、持続可能性という点からも、効率性という点からも、問題が起こってきます。

「隙間時間」というのは、ある意味、メリハリをつけるのに貢献しているところがあります。例えば、移動時間中は無駄に見えるようでいて、**実は頭脳を休めて次の予定に備えている時間、**という見方をすることもできるからです。

そこにまでギュウギュウ仕事を詰め込んでしまうことで、メリハリをつけられなくなり、「忙しい病」が悪化してしまうことがあるのです。

もちろん、隙間時間に仕事をしてはいけないということはありません。もっと大きな目で見たときに、隙間時間に仕事をしておけば、より大きなメリハリをつけられる、ということもあるからです。

移動中に仕事を片付けておけば残業をしないですみ、自分の時間をしっかり確保できる、というような場合です。

常に「何かしなければ」という焦り

これらの違いを作るのは何でしょうか。

それは、**隙間時間を「忙しさのメガネ」で見ているかどうか、**ということなのだと思います。

常に「あれもやらなければ、これもやらなければ」「あれも終わっていない、これも終わっていない」というメガネで物事を見ている人は、隙間時間をどう使うか、というところに主体性を発揮することができません。

「ここで仕事をしておけば、今日は早く帰って見たかったＤＶＤを見られるな」

「この時間を上手に使って資格を取ってみようか。そのためには、必ず座れる時間に出勤できるよう、早起きしてみよう。ということは、夜のつき合いはほどほどに切り上げないと」

「この時間は自分にとって貴重な休息時間だ。ボーッとして過ごして英気を養おう」

などと自分の頭で考えることができなくなってしまうのです。

例　ボーッとしているのが好き。だけど世間の人は、流行の店に行って、飲んだり、食べたり、買ったりしている。何もしてないのはそんなに悪いこと？

こんな疑問が出てくるのも、「忙しさのメガネ」の影響でしょう。ボーッとするのが好きな人は、それでよいはずなのに、「そんなに悪いこと？」と思ってしまうのは残念なことです。

空いた時間をどう過ごすかは、それぞれの自由であるはず。流行の店に行くのが好きな人もいれば、ボーッと過ごすのが好きな人もいるのです。

しかし、「忙しさのメガネ」で見てしまうと、常に前のめりに、
「ボーッとしていてはいけない」
「こういう時間の生産性を上げなければ」
という強迫観念に駆られてしまいますし、強迫観念が命じてくる通りにできない自分を責める、という現象が起こってきます。

本来はリラックスできる隙間時間のはずなのに、自分を追い詰めたり責めたり

してしまったら、リラックスどころではなくなってしまいます。それなら「隙間時間の活用」などそもそも考えないほうがよかった、ということになりますね。

ボーッとするのも一つの選択肢

例 仕事もプライベートも忙しい。何とかこなしているけれど朝から疲れている。電車の中で読書などは無理。いつも寝ている。時間を有効活用なんて無理。体力や根性がなさすぎるのだろうか。

例 通勤電車で読書や勉強、メールをする人もいるが、疲れてできない。朝は音楽を聴いているし、帰りは寝ている。生産的に過ごせていない自分はダメ人間。

これは、体力や根性の不足として、あるいは「ダメ人間」としてネガティブに見るのではなく、電車の中の時間を休息時間として「有効活用している」と見ることができます。

実は、忙しいときほど「メリハリをつける」ということを意識したほうがよいのです。何をすると自分が一番リフレッシュできるか、よく考えて見つけてみましょう。それはただボーッと過ごすことかもしれません。何をするとリフレッシュできるかがわかったら、そのための時間をきちんと「区切って」とりましょう。

繰り返しになりますが、時間を「区切る」ということはとても大切です。それが、メリハリの基本になるからです。

時間を区切ったら、その時間だけは、絶対に、「あれもやらなければ、これもやらなければ」「あれも終わっていない、これも終わっていない」に侵されない時間、という意識を持って大切にするのです。

電車の中で眠るというのは、よい手段です。「**こんなに忙しいのだから、ここで眠ってリフレッシュするぞ**」と思えれば上々でしょう。もちろん、読書が趣味で、電車の中で読書するとリフレッシュする、という人であれば、時間を「区切って」読書をすればよいのです。

5

敢えて「段取り」を休んでメリハリをつける

私生活は「休み時間」でもある

例

時間がないわけではないのに、なぜか用事を足せない。床屋に行ったついでにクリーニングを取りに行くとか、ランチのついでに銀行に寄るとか、そういう「ついで」ができずに些細な用事が溜まる。会社では、そんなことはないのに。段取りをすることが疲れる。

仕事ではできていること（きちんとゴミを捨てる、整理整頓するなど）が、私生活ではできない、という人は案外少なくありません。

これは、「段取り」も一つの仕事だと思えば、当然のことです。**「段取り」をす**

るには、それなりの思考とエネルギーを使う必要があります。ですから、常に気が張っている仕事の場ではできても私生活では抜けてしまう、というのも当然と言えば当然です。本人にとって仕事の緊張度が高いほど、私生活は「休み時間」になるからです。

「ちょっとうっかり」も生活の彩り

これは、先ほど、隙間時間もメリハリのために必要、ということをお話ししたのと同じで、疲れているときには「段取り」を休むことでメリハリをつける、というふうに考えることもできます。それは、人生全体の「持続可能性」「効率性」という観点から必要なこととも言えるでしょう。

もちろん、「段取り」をうまくして無駄を省けば、自由時間が増えるし、用事も溜まらない、ということは事実でしょう。しかし、**私生活においては、必ずしも「効率」が最優先になるわけでもない**のです。

私生活というのは、「私用」の積み重ね。用事こそ生活、というふうに見るこ

ともできます。そして、その用事とどうつき合うか、ということも私生活の個性的な彩りの一つなのです。
床屋に行ったついでにクリーニングを取りに行き忘れた自分に笑ってしまうのも私生活の彩り。あるいは、クリーニング屋に出直して、「**さっきそこの床屋まで来たのに、寄り忘れてしまって**」などと笑いながら店員と会話することも、貴重な日常生活の彩りにできるでしょう。
考えてみれば、誰もがてきぱきと効率良く私生活をこなしている社会は、ちょっと気持ちが悪いですね。

6 「無駄な時間」が人生を豊かにする

効率が人生のゴールではない

前項では、「段取り」をし損ねることも私生活を彩る、ということをお話ししましたが、ここではさらに踏み込んで、「人生を豊かにする」という視点からも見てみましょう。

そもそも私たちは、人生を、単に効率的に生きていきたいのでしょうか。もちろん、仕事を効率的に仕上げれば、その分自由時間も増えるでしょう（仕事そのものが趣味、という人は、その「自由時間」でさらに仕事をすることができます）。

しかし、人生全体を見たときに、一番大切なのは、効率なのでしょうか。

多くの人にとって、その答えは「ノー」だと思います。むしろ、「豊かさ」「幸せ」と答える人が多いのではないでしょうか。**効率的に生きたけれども、ちっとも幸せではなかった、ちっとも豊かさを感じられなかった、**というような人生に価値を見い出すことは難しいと思います。

実は、私生活における「無駄」には、豊かさを作る側面もあります。考えてみれば、ただ家族とまったり過ごす、などという時間は、生産性だけを見れば「無駄」以外の何物でもありませんが、それが豊かさを感じさせたりするものですね。

そもそも、私生活における用事を効率重視でテキパキと片付けていく自分を考えてみてください。その間、心身の状態は、仕事中の状態とほとんど同じで、何らリラックス効果はありません。

しかし、「ああ、床屋に行ったときにクリーニング屋に行くのを忘れたなあ」などとぼんやり振り返っているときには、心身はリラックスモード。急ぎのクリーニングなら、「まあ、しょうがないや」と思ってもう一度出かけてもよいでしょうし、急がなければ次回に回してもよいでしょう。また、「ああ、また抜けてしまった」などというちょっとした落ち込みは、人生を彩る喜怒哀楽ですらあります。

大切なのは公私のバランス

どんな人にも、私生活があります。そして、一般に、バランスの良い人生とは、私生活と社会的生活がきちんと両立しているようなものであると考えられています。社会的生活にはそれぞれの「立場」がありますので、どうしても偏りがちになってしまいます。しかし、私生活では、誰もが一人の人間に戻ります。

外でどれほど立派な業績を上げていても、家に帰ればただの「お父さん」になったりするのです。そして、私がいろいろな人を見てきて思うのは、**平凡で無駄にすら見えるような私生活の中にこそ、人間のバランスを保つ要素がある**、ということです。

全般に、仕事が社会中心に回っているのと比べて、私生活は自分中心に回っているもの。「どれだけ用事をテキパキこなすか」というよりも、「**どれだけ自分ら**

しく過ごせるか」「**どれだけ自分の滋養になるか**」を中心に考えてみるとわかりやすいと思います。

疲れているときに、ボーッとして、ついでのところに寄り忘れる、などというのはよくあること。それを、「できなかった」と責めてしまうのは、「忙しさのメガネ」で見ている証拠です。

「あれもやらなければ、これもやらなければ」「あれも終わっていない、これも終わっていない」という思いで頭がいっぱいであれば、ついでのところに寄り忘れる効率の悪さは、とても許されないものでしょう。しかし、「まあ、これも人生だ」と笑ってすませる余裕こそ、私生活にはほしいものです。

ムダの多い社会こそ健康な社会

余談ですが、子どもがよく育つ社会には「無駄」が多いと言われています。様々な「無駄」の中に、人が健康に育つ要素があるというわけです。単に効率だけを求めてしまうと、育つべきものが育たなくなる、ということでしょう。

これはおそらく大人にとっても同じことで、心を健やかに保つためには、「無駄」が必要なのだと思います。「無駄」を「忙しさのメガネ」で見れば、それは単なる無駄ですが、**「忙しさのメガネ」を手放してみれば、そこには様々な豊かな要素を見つけることもできる**でしょう。

つまり、「忙しさのメガネ」の手放し方の一つは、敢えて無駄なことをやってみる、というものでもあるのです。総菜を買ってくるのではなく、敢えて手料理をする。どうせなら初めてのレシピに敢えて挑戦してみる。

「あれもやらなければ、これもやらなければ」「あれも終わっていない、これも終わっていない」と思っているときは、「料理なんて、している暇もない！」などと思うものですが、料理に集中するということは、「今」に生きるということ。

「今」に生きることとは、「忙しさのメガネ」を手放す強力な方法でしたね。

「忙しさのメガネ」を手放した私生活こそ、心の滋養になるものですし、人生全体のメリハリをつけることにもつながっていくと思います。

【著者紹介】

水島広子（みずしま・ひろこ）

●―精神科医。慶應義塾大学医学部卒業、同大学院修了（医学博士）。慶應義塾大学医学部精神神経科勤務を経て、現在、対人関係療法専門クリニック院長、慶應義塾大学医学部非常勤講師（精神神経科）。アティテューディナル・ヒーリング・ジャパン（AHJ）代表。2000年6月から2005年8月まで、衆議院議員として児童虐待防止法の抜本的改正をはじめ、数々の法案の修正に力を尽くし実現させた。

●―著書にはベストセラー『「怒り」がスーッと消える本』『「本当の自信」を手に入れる9つのステップ』（以上、大和出版）、『「孤独力」で“ひとりがつらい”が楽になる』（さくら舎）、『対人関係療法のプロが教える 誰と会っても疲れない「気づかい」のコツ』（日本実業出版社）、『自分でできる対人関係療法』（創元社）などがある。

【著者ＨＰ】

http://www.hirokom.org/

「いつも忙しい」がなくなる心の習慣

2013年9月26日　第1刷発行

著　者――――水島広子

発行者――――徳留慶太郎

発行所――――株式会社すばる舎

東京都豊島区東池袋3-9-7 東池袋織本ビル　〒170-0013

TEL　03-3981-8651（代表）　03-3981-0767（営業部）

振替　00140-7-116563

http://www.subarusya.jp/

装丁・イラスト――江口修平

印　刷――――株式会社シナノ

落丁・乱丁本はお取り替えいたします

ISBN978-4-7991-0279-4